DESCRIÇÃO, DEFINIÇÃO E REGISTRO DE COMPORTAMENTO

DESCRIÇÃO, DEFINIÇÃO E REGISTRO DE COMPORTAMENTO

Um texto didático, com exercícios, para inciação em observação sistemática de comportamento

19ª ed.
revista e ampliada

Inclui catálogo com 161 definições comportamentais
1ª reimpressão

ANTÔNIO JAYRO DA FONSECA MOTTA FAGUNDES
Mestre e Doutor em Psicologia Experimental pela USP
Docente na pós-graduação do Instituto Lahmiei - Autismo
Departamento de Psicologia
Universidade Federal de São Carlos (UFSCar)

EDICON

DADOS INTERNACIONAIS DE CATALOGAÇÃO NA PUBLICAÇÃO (CIP)
(CÂMARA BRASILEIRA DO LIVRO, SP, BRASIL)

Fagundes, Antônio Jayro da Fonseca Motta
Descrição, definição e registro de comportamento / Antônio Jayro da Fonseca Motta Fagundes. -- 19. ed. rev. e ampl. -- São Paulo : Edicon Editora e Consultoria, 2024.

Bibliografia.

ISBN 978-65-5934-101-6

1. Análise comportamental 2. Comportamento humano 3. Observação (Método científico) 4. Psicologia comportamental I. Título.

24-217143 CDD-150.1943

Índices para catálogo sistemático:

1. Análise comportamental : Psicologia 150.1943
Eliane de Freitas Leite - Bibliotecária - CRB 8/8415
2ª Reimpressão 2025

CAPA E MOSAICO: *Alex Ramos*
MODELO DA CAPA: *Nyara Motta Baptista*
ILUSTRAÇÕES: *Soraia Ljubtschenko Motta*
GRÁFICOS: *Daniela Ljubtschenko Motta*
EDITORAÇÃO ELETRÔNICA: *Valentina Ljubtschenko*

EDICON
Editora e Consultoria Ltda
(11) 3255-1002
Rua Gama Cerqueira 87 - Cambuci
CEP 01539-010 São Paulo SP
www.edicon.com.br

e-mail do autor: profjayro@profjayro.com.br

Impresso no Brasil/*Printed in Brazil*

Ao menos dois admiradores
— absolutamente incondicionais —
esse livro poderia ter.
Um deles, o poeta desapegado,
o amigo e benfeitor de todos.
O outro, a trabalhadora incansável,
a alegria e coragem personificadas.
Exultariam e me louvariam ambos,
a despeito de seu conteúdo
e ainda que não o lessem.
Dois admiradores esse livro teria...
Porém, um já não é.
A ele e àquela que existe,
minha dedicatória filial.

Ela também partiu
— condição humana inelutável.
Embora sem ver a décima,
por certo terá exibido
cada edição anterior
a todas as suas amigas.
Coisa de mãe-coruja...
Sua bênção, mãezinha,
sua bênção, papai.
Obrigado, muito mesmo,
por serem e me terem.
Inda nos veremos,
se a Deus aprouver.

SUMÁRIO

PREFÁCIO DA 17ª EDIÇÃO

Viva lembrança guardo de Antônio Jayro da Fonseca Motta Fagundes no tempo em que era ainda aluno em um de meus cursos sobre observação do comportamento animal, na pós-graduação do Instituto de Psicologia da USP. Poucos eram os discípulos que, como ele, me retinham, finda uma aula, para obter esclarecimentos e justificativas para algum preceito que eu houvesse externado.

Passadas, já, algumas décadas desde essa ocasião, defronto-me com esta sua obra. Ela me reassegura na convicção que, na época, eu formara de que as interpelações do então inconformado aluno não eram mostras de alguma impertinência, mas, sim, de genuíno interesse pelo assunto.

Antônio Jayro é uma das raras pessoas que, em meu entender, se pode afirmar que aprenderam como bem aprender e que, graças a isso, também se capacitaram a bem ensinar.

Seu posfácio me parece rigorosamente exato e primorosamente formulado ao enunciar sua motivação e as carências das publicações então existentes que o levaram a escrever esta obra.

O texto produzido, além de armado de hábeis recursos didáticos como os resumos do já exposto e os exercícios de aplicação e extensão que contém, é claro, direto e conciso, e inegavelmente relevante aos objetivos propostos.

Sua verve cômica na exposição dos temas, além de algo prazeroso e original, é um desses pontos que revelam engenhosidade em aplainar o ensino de uma matéria intrinsecamente árida e, por vezes, até um tanto espinhosa.

Eu felicito o autor por essa realização.

Prof. Dr. Walter Hugo de Andrade Cunha
Fundador da Etologia no Brasil
Professor Emérito do IP-USP[1]

[1] Tive o privilégio de ter sido aluno do Prof. Walter Hugo, em 1971, no curso de Observação do Comportamento Animal, quando fazia o mestrado no Instituto de Psicologia da Universidade de São Paulo (IP-USP), curso inaugurado em 1970. Em 2015, convidei-o para prefaciar a 17ª edição e, ao lhe perguntar como desejava ser qualificado no Prefácio, abaixo do seu nome, descobri que ele ainda não tinha sido distinguido com o título de Prof. Emérito, apesar de ter todas as credenciais para tanto.

Então, dei o alerta e fiz campanha, e, com satisfação, resultou que a Congregação do IP-USP, por unanimidade, outorgou a ele, em 2015, essa distinção merecidíssima, pelo que é e fez para a Psicologia e Etologia no Brasil. A alegria extra foi ter sido convidado a fazer parte da mesa, na sessão solene de entrega do título e ficar ao lado do homenageado, embora, para minha tristeza, o rígido protocolo não me tenha permitido "abrir a boca"!

Para saber quem é o pioneiro Walter Hugo e sua influência nos estudos de observação em Etologia/Psicologia, eis um bom material, um volume todo de revista do IP-USP, que lhe é dedicado: http://pepsic.bvsalud.org/scielo.php?script=sci_issueto

PREFÁCIO DA 1ª EDIÇÃO

A publicação de uma série de textos em Português[2] que visam familiarizar o aluno com o método e as técnicas de observação do comportamento humano é uma iniciativa auspiciosa. A apresentação de trabalhos cuidadosos de pesquisa e aplicação, feitos em nosso meio, não só divulgará o que tem sido produzido aqui, como demonstrará a importância e utilidade da observação, como instrumento do estudioso do comportamento, seja ele pesquisador, professor, psicólogo escolar ou clínico.

Costumava traçar uma analogia entre o aprender a guiar um carro e o aprender a observar. Inicialmente, tanto o candidato a motorista como o observador achará impossível realizar de uma só vez, paralelamente ou em sequência ordenada, tantos comportamentos dos mais simples aos mais complexos. Aos poucos, ele vai conseguindo vencer suas dificuldades e por fim ele verificará que é capaz de executar todos os movimentos, analisar, prever, agir e ainda apreciar a paisagem: no caso do observador – a riqueza do comportamento humano.

Profª Dra. Margarida H. Windholz[3]
Instituto de Psicologia - USP

---

[2] A prefaciadora se refere à iniciativa da EDICON em editar vários livros sobre observação ou que fizeram dela o seu meio para coletar os dados pesquisados. Tal série compreende os seguintes livros, além do presente: de Marilda Fernandes Danna e Maria Amélia Matos, *Aprendendo a observar*, que substitui *Ensinando observação: uma introdução* e *Ensinando observação: manual do professor*; *Psicologia clínica comportamental: a inserção da entrevista com adultos e crianças* – Edwiges Silvares e Maura Gongorra; *Psicologia infantil: a independência da criança pré-escolar* – Maria Alice Rodrigues; e *Mãe e criança: separação e reencontro. Observação em situação de grupo* – Maria Clotilde Rossetti-Ferreira.

[3] Profª Margarida (Maggi) foi quem me iniciou nas técnicas de observação e registro expostas neste livro, quando comecei a pós-graduação no IP-USP, em 1971. Em setembro de 2016, a convite da Associação Brasileira de Psicologia e Medicina Comportamental (ABPMC) – que, conservando a sigla, mudou o nome para Associação Brasileira de Ciências do Comportamento –, tive a honra de saudá-la na abertura do XXV Encontro, na homenagem que lhe foi prestada por suas importantes e continuadas contribuições para o desenvolvimento da Análise Comportamental no Brasil. Veio de Israel, onde residia, especialmente para essa e outras cinco homenagens, por mim incentivadas, que lhe foram prestadas por comunidades acadêmicas e pela judaica. Faleceu em Israel no ano seguinte, estando com 93 anos de idade.

Para saber quem foi a pioneira Maggi e conhecer sua influência nos estudos de observação e nos de Análise do Comportamento Aplicada ao comportamento humano, consulte Fagundes (2017) Tributo para Dra. Margarida H. Windholz (Maggi), por suas contribuições para a Análise Comportamental no Brasil. *Revista Brasileira de Terapia Comportamental e Cognitiva*, [S. l.], v. 19, n. 1, p. 168-175, 2017. DOI: 10.31505/rbtcc.v19i1.959. Disponível em: https://rbtcc.com.br/RBTCC/article/view/959. Acesso em: 11 jul. 2024.

APRESENTAÇÃO

Como surgiu o livro

O **presente** texto foi elaborado para atender a necessidade do autor em ministrar um curso de observação a alunos de graduação em psicologia, da Faculdade Farias Brito (atualmente Universidade Guarulhos - UnG) e, na ocasião, não haver entre nós praticamente nada de sistemático a esse respeito.

Resulta, basicamente, da experiência do autor em pesquisas observacionais e dos ensinamentos e orientações obtidos em sala de aula da Pós-Graduação do Instituto de Psicologia da Universidade de São Paulo, com os professores Drs. Walter Hugo de Andrade Cunha e Margarida H. Windholz, dos quais é tributário agradecido. E que me deram a honra de prefaciar esta obra.

De 1976 a 1980, o texto foi publicado, anualmente, sob a forma de apostila e recebeu inúmeras redações, para incorporar as sugestões provenientes de colegas de magistério ou do próprio uso que dele fizemos em salas de aula, em todos esses anos.

Objetivo

Este livro se destina àqueles que se preparam para ser psicólogos, educadores, ou modificadores de comportamento ou pesquisadores do comportamento humano e animal.

Procura introduzi-los em alguns aspectos do importante e fascinante mundo da observação comportamental, fornecendo-lhes princípios e técnicas de observação direta, descrição, definição e registro sistemático de comportamento.

Plano do Livro

A obra está dividida em 6 capítulos, 3 apêndices e 1 anexo. Os capítulos se referem principalmente:

1. À *linguagem* a ser usada para se descrever e registrar comportamentos;
2. À maneira de se estabelecer *definições* de eventos;
3. Às *técnicas* de registro de comportamento;
4. Aos *cálculos* que se costumam fazer para se testar a confiabilidade dos registros dos observadores;
5. Aos *aparelhos*, manuais ou automáticos, que permitem registrar eventos comportamentais;
6. Ao *roteiro* das atividades principais para a realização de trabalhos observacionais, que é capítulo novo, a partir da 14ª edição.

No *Apêndice A*, são fornecidos *exercícios* que podem servir de revisão e aplicação dos assuntos tratados em cada capítulo.

No *Apêndice B*, a partir da 14ª edição, são fornecidas e comentadas as *respostas* aos exercícios do *Apêndice A*.

A partir da 17ª edição, no *Apêndice C*, reproduziu-se um amplo Catálogo de Comportamentos, atualmente com 161 definições que podem ser usadas em diversas situações ou servirem de modelo para a definição de outros comportamentos.

No *Anexo*, transcreve-se uma *pesquisa* que mostra, concretamente, como fazer um trabalho observacional.

Procurou-se restringir ao mínimo indispensável o uso de termos técnicos. Tentou-se, igualmente, adotar um estilo simples e direto de comunicação com o leitor, introduzindo brincadeiras ou tiradas jocosas, na esperança de mantê-lo mais disposto durante a leitura.

E, para tentar que o leitor se torne mais ativo, e, com isso, que assimile melhor, e mais rapidamente, é-lhe requerido que se exercite nas habilidades ensinadas ou aplique as noções ministradas, solucionando questões simples, cujas respostas são dadas e comentadas no próprio texto.

Atualização e Pedido

Como boa parte das reedições dessa obra, a 19ª sai total e minuciosamente revista, com muitos textos reescritos e outros acrescentados, no que resultou um acréscimo de 64 páginas.

As novidades dessa edição são quatro:

1. A inserção de "informações complementares" que ampliam o que foi exposto;

2. Inclusão de QR CODE para facilitar o seu acesso às citações que estão disponíveis na internet. Aproveite, nunca foi tão fácil localizar esse material!

3. Menção e agradecimento aos professores e alunos que me enviaram sugestões ou dúvidas. Aguardo as suas considerações para a 20ª edição, pois esse livro não é uma obra acabada. Está em contínua "construção".

4. As citações e referências agora seguem o padrão APA.

Como perfeccionista, não posso deixar meu "filho" ser mostrado para as "visitas" tal e qual nasceu. Ele precisa crescer e, cada vez mais, ficar mais forte e robusto e, por que não?, até mais apresentável, a cada nova edição, incorporando atualizações e sugestões dos leitores.

Quanto ao conteúdo do livro, as mudanças, quase sempre, decorrem do uso que faço dele nas aulas, ao constatar dificuldades dos alunos, ou ao acatar sugestões dos colaborativos e mais ousados dentre eles (os que se calam teriam medo de que eu os mordesse se dissessem algo?), bem como preciosas considerações dos professores, decorrentes de sua prática no ensino da observação comportamental, usando esse livro.

Por isso, meu pedido ao leitor: encontrou no texto algo que necessita de uma melhoria? Não se acanhe, mande para profjayro@profjayro.com.br.

A partir da presente edição, estou informando os nomes das pessoas que assim procederam. Apenas agora me dei conta de dar o devido crédito a quem colabora para a melhoria dessa obra. A elas os meus agradecimentos e a gratidão dos beneficiários: os leitores. Agradecimento especialíssimo para minha esposa Valentina, que como editora cuidou não só de produzir o livro, mas, em todas as edições, deu sugestões que foram incorporadas nelas.

Dicas para o leitor

Cada capítulo contém: (a) textos; (b) questões de aplicação; (c) resumos, e, em alguns casos, (d) notas de rodapé ou laterais, bem como (e) informações complementares – cada item desses impresso com tamanho de letra e/ou disposição diversos, de modo a fornecer certas dicas a quem lê. A saber:

a

Os **textos** ocupam o espaço normalmente disponível da página e estão impressos com tipos de tamanho grande (corpo 12,6) – estes que você está lendo agora. Neles, são fornecidas as informações básicas e, praticamente, são o que deve ser relido, caso alguma coisa não fique compreendida de imediato.

b

As **questões de aplicação**, da maneira como você pode ver nesse parágrafo, são precedidas de um grande colchete horizontal e seguidas de outro colchete horizontal. Encontram-se impressas em corpo 12,6 e margens maiores, tal como está aqui.

As questões requerem que o leitor dê respostas, por escrito, a perguntas que procuram aplicar as informações fornecidas no texto principal. Caso se pretenda fazer uma nova leitura da seção para melhor fixá-la, as questões de aplicação, resolvidas anteriormente, poderão ser deixadas de lado.

c

*Os **resumos**, tal como neste parágrafo, estão impressos com um corpo maior (14), com letras grifadas (em itálico), sempre colocados dentro de um retângulo, para maior destaque.*

No resumos procurou-se sintetizar as ideias principais de cada seção, o que os torna, por isso mesmo, um elemento importante e complementar do texto principal.

Constituem leitura indispensável e, por sua própria natureza de resumo, poderão ser úteis de serem relidos – e talvez apenas eles – em vésperas de provas ou quando se pretenda, rapidamente, recordar o que contém o capítulo, ou parte dele, que foi lida.

d

[1] As **notas de rodapé,** impressas em corpo 8,5, são numeradas sequencialmente com um expoente sobrescrito. Tal como se vê neste parágrafo. Vêm precedidas de um traço horizontal e estão impressas em tipos menores. (Esse traço é chamado, curiosamente, de "bigode" pelo pessoal das gráficas, que "veem"(!) nele um dos lados dos bigodes humanos – será que Freud explica isso?).

As Notas de Rodapé, é lógico, devem vir ao "pé" da página (desde quando página tem pé?), mas, nesta edição, a maioria das notas estão junto às margens esquerda ou direita das páginas. Tornaram-se **Notas Laterais.**

Elas fornecem informações muito específicas e secundárias, destinadas ao leitor mais interessado, ou, em alguns casos, contêm dicas adicionais, destinadas a quem tenha experimentado dificuldade em executar o que lhe foi proposto no texto principal.

Utilidade prática: como não são tantas as Notas Laterais, quase sempre haverá espaço para o leitor fazer anotações nas laterais das páginas.

e

➤**INFORMAÇÃO COMPLEMENTAR.** Vem impressa em corpo 12. Ela fornece informação que complementa o exposto, que visa ampliar o seu conhecimento sobre o assunto abordado. Tal como se vê aqui, estará precedida do símbolo de ponta de seta ➤. É novidade na 19ª edição.

••••••••••

Espaço para respostas. Os pontilhados ou espaços em branco, que aparecem junto às perguntas, são para indicar que você deve dar uma resposta e não, obrigatoriamente, para você responder no livro. Mais: o espaço deixado não é, necessariamente, proporcional ao tamanho esperado das respostas, é, antes de tudo, uma questão de conveniência do Editor (ele quer economizar espaço!), principalmente no caso das Folhas de Registro.

Dicas para o professor

Teoria x prática. Este livro foi planejado para ser usado como texto básico em um curso introdutório de observação comportamental.

É claro que, dependendo dos objetivos propostos pelo professor, a utilização do livro poderá requerer que os alunos o leiam ou para falar e escrever sobre observação de comportamento (nível meramente teórico), ou para realizar, de fato, observações comportamentais (nível teórico/prático). A esses últimos, a realização dos exercícios (veja *Apêndice A*) poderá trazer ajuda, já que, a exceção dos Exercícios I, VIII e IX, os demais estão planejados para auxiliar o leitor a desenvolver habilidades em observar e registrar comportamentos e não apenas falar ou escrever sobre isso.

Uso do livro. O livro tem sido usado da seguinte maneira, para maximizar o aprendizado:

1. O aluno lê, em casa, uma parte do texto principal e responde às questões que o acompanham e confere suas respostas com as fornecidas no livro.
2. Em classe, o professor pede que o aluno, individualmente, em duplas ou em pequenos grupos – conforme o caso – realize o exercício correspondente (*Apêndice A*), preferentemente sem olhar as respostas

fornecidas no *Apêndice B*. Consultando-as após cada questão, a ser respondida de forma independente. Durante a realização dos exercícios, o professor percorre a classe, dando assistência aos alunos, solucionando suas dúvidas.

3. Findo o exercício, o professor pode pedir que um ou vários alunos ou grupos exponham as dúvidas ainda existentes, tecer comentários e complementar as informações do texto.

Padronização. Quanto às técnicas de registro (Exercícios II, IV e VI), às definições comportamentais (Exercício III) e ao cálculo de concordância (Exercícios V e VII), – que constituem a maioria dos exercícios a serem feitos – é requerido que o aluno não apenas fale sobre o que leu em casa, mas execute o que aprendeu e se exercite em certas habilidades. Isso pode ser feito seguindo, literalmente ou com adaptações, as sugestões apresentadas nos exercícios.

Para facilitar a realização, é conveniente que o professor padronize as situações para a execução dos exercícios, por exemplo, pedindo que todos observem e anotem o que faz o mesmo garçom da cantina. Em alguns dos exercícios, uma padronização máxima poderá incluir uma simulação dos comportamentos a serem observados por todos, feita pelo professor ou alguns alunos, diante da classe.

Para padronizar tal prática, e com isso vir a ter um rico material para discussão, também é útil que o professor use trechos curtos (1 a 2 min) de vídeos pegos na internet. De preferência vídeos com um só Participante, ou, tendo mais de um, que se observe exclusivamente o que faz um deles. E peçam que os alunos pratiquem as técnicas de registro vistas.

Bem, o leitor interessado, que não está num curso, também pode se beneficiar se tentar fazer algo assim, praticando as técnicas de registro, sugeridas no livro.

Ordem de utilização. A ordem de utilização em aula dos capítulos 3 e 4 pode ser ou a que é dada no livro ou intercalada. A saber: após conhecer o registro de evento (Cap. 3), far-se-ia o devido cálculo de concordância em registros de evento (Cap. 4). O mesmo seria feito para as demais técnicas, o que resultaria em um uso intercalado desses dois capítulos, com muito mais proveito.

O autor agradeceria se os colegas professores e os demais leitores lhe enviassem críticas e sugestões quanto ao livro e sua utilização.

Endereço para correspondência com o autor:

profjayro@profjayro.com.br

INTRODUÇÃO

O estudo da observação entre nós

A **observação** comportamental não é coisa nova, como atestam trabalhos bem antigos de Darwin, escritos em 1872, e Taine, em 1877, e os realizados por Goodenouch, no ano de 1931, Thomas, Loomis e Arrigton, em 1933, e Buhler, em 1940. Esses três últimos são apontados, por Rossetti-Ferreira (1967)[4], como sendo de grande importância por serem eles que, provavelmente, começaram a utilizar o observador como instrumento de pesquisa nas ciências sociais.

Há algum tempo – e, principalmente na década de 70 – centros de pós-graduação e muitas das faculdades de Psicologia do Brasil têm dado a devida importância à observação comportamental. Prova disso é o número crescente de disciplinas, voltadas para o estudo da observação do comportamento humano e animal, que têm sido incluídas nos seus currículos ou do grande número de disciplinas que, em seu programa, passaram a incluir noções e técnicas de observação comportamental[5].

Como decorrência, o pessoal formado nesses centros de pós-graduação e faculdades passou a atuar em seus diferentes locais de trabalho, como escolas, clínicas e muitos outros, aplicando esses conhecimentos e requerendo que colegas e colaboradores também o fizessem, tornando-se, eles próprios, incentivadores e irradiadores

[4] Aos não familiarizados, convém esclarecer que sempre que aparecer no texto um ou mais sobrenomes seguidos de uma data, colocada entre parênteses, estamos nos referindo a alguma obra – livro, artigo de revista ou tese acadêmica. Nesse caso, a data é o ano em que a obra foi publicada. Para conhecer os dados básicos da obra referida, deve-se examinar a seção intitulada "Referências", que se encontra logo após o Posfácio, desse livro.

[5] Entre os responsáveis por essa difusão dos estudos observacionais no Brasil, estão os autores dos prefácios desse livro — Walter Hugo e Margarida —, então professores na pós-graduação de Psicologia na USP, iniciada em 1970. Uma visão detalhada da expansão dos estudos de observação entre nós pode ser conferida em Fuchs (1995), que privilegia o papel de **Walter Hugo**, iniciador dos estudos Etológicos no Brasil. Pode ser visto em: FUCHS, Hannelore. Psicologia animal no Brasil: o fundador e a fundação. *Psicologia USP*, v. 6, n. 1, p. 15-42, 1995. DOI: 10.1590/S1678-51771995000100003. Disponível em: https://www.revistas.usp.br/psicousp/article/view/34509. Acesso em: 11 jul. 2024. A atuação da **Margarida** pode ser conferida em Fagundes (2017). Disponível em: https://rbtcc.com.br/RBTCC/article/view/959. . Acesso em 11 jul. 2024.

dessas ideias. E de tal forma que muitos centros de pós-graduação e faculdades de diferentes áreas também passaram a valorizar e a incluir em seus currículos disciplinas ou programas para estudo e aplicação de noções e técnicas de observação comportamental.

É o que se vê, além dos cursos de Psicologia, em alguns de Educação, Medicina, Enfermagem, Assistência Social, Física, Educação Física etc, como atestam os trabalhos que têm sido apresentados em reuniões científicas da SBPC – Sociedade Brasileira para o Progresso da Ciência, SBP – Sociedade Brasileira de Psicologia (que antes se chamava SPRP – Sociedade de Psicologia de Ribeirão Preto), ABPMC – Associação Brasileira de Ciências do Comportamento (antes denominada Associação Brasileira de Psicologia e Medicina Comportamental) e outras, bem como inúmeras revistas técnicas de Psicologia e de diversas áreas de conhecimento.

Curso on-line de observação

U**ma** iniciativa auspiciosa entre nós, para o estudo da observação comportamental, é um curso *on-line*, gratuito, da Universidade Federal de Santa Catarina -UFSC, que está disponível na *web*. É fruto do idealismo do Prof. Helder Lima Guso, com a ajuda da Profa. Aline Battisti Archer, que com uma equipe competente e dedicada, trabalhando sem remuneração, apenas pelo ideal de oferecer uma formação sólida e completa a respeito do assunto, já disponibilizou coisas importantes, e tem outras que estão em fase de testes, bem como está com uma vasta e audaciosa programação em andamento, para os próximos anos.

Estou recomendando o *OPERANDA – Transformando Conhecimento em Comportamento*, programa de extensão, que trata da Observação Direta do Comportamento, disponível em: https://operanda.ufsc.br/curso/observacao-direta-do-comportamento/. É um Curso Programado Individualizado, em que o interessado, com o apoio da equipe do site, caminha no seu próprio ritmo, de acordo com suas possibilidades. Fornece certificado.

➤INFORMAÇÃO COMPLEMENTAR

Como consta no site, informo que:

"Os cursos do OPERANDA são elaborados por um amplo grupo de professores, pós-graduandos e estudantes de graduação, com assessoria dos maiores especialistas da área no país, seguindo uma metodologia que viabilizará acesso a um material de altíssima qualidade e com recursos de ensino eficazes. A elaboração de cada hora de atividade do curso leva mais de 200 horas de trabalho da equipe.

O planejamento do ensino envolve exame de literatura especializada, planejamento de cada etapa do ensino, elaboração de materiais didáticos, planejamento instrucional detalhado, discussões com especialistas, entre diversas outras atividades.

Depois de prontos, os cursos passam pela avaliação de especialistas e realizamos estudos para avaliar a efetividade do ensino com estudantes de graduação. Após os refinamentos decorrentes dessas avaliações, enfim os cursos são disponibilizados *on-line*.

Depois de disponíveis, nossa equipe avalia o desempenho dos Participantes no sistema *on-line* para identificar, continuamente, possibilidades de aperfeiçoamento nas condições de ensino. É muito trabalho. E o fazemos com o maior prazer, preocupados em criar boas condições de ensino para você."

No Operanda, o leitor deste livro encontrará uma fonte segura para sanar boa parte de suas dúvidas. Tenho certeza! E ainda recebe um certificado da UFSC.

Livros sobre observação

Infelizmente, temos pouco material básico traduzido para o português, quase que só Hutt e Hutt (1974, 1ª ed.) e Vance Hall (1975 - a 1ª ed. é de 1973), e praticamente nada tínhamos, elaborado aqui mesmo no Brasil, para atender a uma crescente demanda desses conhecimentos especializados.

São honrosas exceções: Mejias (1973) e Danna e Matos (1982, 1ª ed. – esta obra foi reformulada, ampliada e substituída por Danna e Mattos, 2015, 1ª ed. 2006). Temos também algumas dissertações e teses, por exemplo: Vieira (1975), Batista (1978), Rossetti-Ferreira (1982), artigos em revistas científicas e resumos de trabalhos apresentados em reuniões científicas.

Com exceção de Batista (1978), que em 2014 disponibilizei na internet[6], o trabalho das duas outras autoras, lamentavelmente, só está ao acesso de poucos, visto serem obras de circulação restrita; podem ser consultados na biblioteca de Psicologia da Universidade de São Paulo, ou serem solicitados como empréstimo, por intermédio de bibliotecas, fazendo-se uso do Programa de Comutação Bibliográfica (COMUT), caso elas sejam conveniadas a esse sistema. Sendo que os 3 livros mencionados no início do parágrafo, estão fora de circulação, porquanto a EPU – Editora Pedagógica e Universitária, que os publicou, não mais existe e a sucessora não os colocou no seu catálogo.

Uma análise a respeito da produção nacional, em Psicologia, que usou a observação como método de pesquisa[7], em artigos, dissertações e teses, disponíveis nas

[6] Disponível em: https://www.teses.usp.br/teses/disponiveis/47/47132/tde-12092014-140839/publico/CatalogodeComportamentosMotores.pdf. Acesso em: 29 nov. 2021.

[7] Uma análise aprofundada a respeito dos estudos observacionais no Brasil (anos 70, 80 e 90) com considerações sobre o panorama atual, pode ser vista em Batista (2010).

Para conhecer algo que fizeram os principais responsáveis pelo início dos estudos observacionais sistemáticos e seu incremento exponencial no Brasil — Walter Hugo de Andrade Cunha e Margarida H. Windholz — quanto ao **primeiro**, consulte Fuchs (1995), disponível em: https://www.revistas.usp.br/psicousp/article/view/34509. Acesso em: 23 jul. 2024. Quanto à **segunda,** veja em Fagundes (2017), disponível em: http://rbtcc.webhostusp.sti.usp.br/index.php/RBTCC/article/view/959/506. Acesso em 23 jul. 2024.

principais bases de dados do Brasil, pode ser vista em Cano e Sampaio (2007). Nelas, as autoras encontraram 116 pesquisas (de 1970 a 2006), 60% das quais publicadas principalmente em 7 revistas.

Demonstração do aumento significativo do uso de observação pode ser inferida a partir de Croceta e Andrade (2014), que sete anos depois de Cano e Sampaio (2007) localizaram 615 trabalhos feitos, parte dos quais realizados apenas no contexto esportivo.

Um sinal do aumento da demanda de conhecimentos sobre observação pode ser dado pelo seguinte fato: o presente texto, em suas antigas versões, embora fosse publicação de circulação interna, teve impressos, de 1976 a 1980, cerca de cinco mil exemplares, adotado que foi como texto introdutório em algumas faculdades de São Paulo e de outros estados. Isso nos animou a empreender, em 1981, a sua publicação por meio da EDICON, de modo a torná-lo acessível ao público em geral.

Presentemente, esse livro encontra-se em sua 19ª edição e sai novamente revista[8]. Coisa que o autor faz periodicamente, em decorrência de seu uso constante em salas de aula. É para responder aos questionamentos apresentados pelos alunos ou para atender às sugestões de alguns professores e permitir um melhor aproveitamento de quantos o leem. Assim, eu o convido a me encaminhar as críticas e sugestões que você possa ter. Os futuros leitores e eu agradecemos. Use o meu *e-mail* para isso: profjayro@profjayro.com.br.

---

[8] Agradecimento especial às Profas. Cristiane Alves (UFG/Catalão/GO) e Simone M. Almeida (Uninove/São Paulo/SP); e aos alunos Vitor M. Fagundes (UFVSF/Petrolina/PE) e Gabriele Cristina. Graças ao empenho deles, interessantes mudanças puderam ser feitas na presente edição.

Aproveito para dizer que este livro não é uma "obra acabada", mas "em construção". Por isso, se notar alguma falha nele ou tiver algua sugestão para que fique melhor, não seja egoísta, anote e me encaminhe sua proposta, para: profjayro@profjayro.com.br. Os futuros leitores e eu ficaremos muito gratos a você.

As alterações mais marcantes nesse livro se deram na 14ª edição e na atual. A da 14ª foi de tal magnitude que acrescentou à obra 30% a mais de páginas. Nessa 19ª edição, foram acrescidas cerca de 20% de páginas. Desaconselhando-se, assim, o uso de edições anteriores à atual.

1

LINGUAGEM PARA DESCRIÇÃO E REGISTRO DE COMPORTAMENTO

1.1 NECESSIDADE DE OBSERVAÇÃO DIRETA E REGISTRO DE COMPORTAMENTO

Modificação de comportamento. O psicólogo pode ser considerado como um estudioso do comportamento. Costumeiramente sua cooperação é requisitada para auxiliar a modificação de comportamentos. Em determinada ocasião, ele pode ser procurado por uma professora que deseja que seu aluno fique mais sociável e no recreio passe a brincar com os colegas. Numa outra oportunidade, talvez seja solicitado pela moça obesa que, para arranjar namorado, está disposta a tudo, a fim de perder uns quilinhos e deixar de ser chamada de gorducha pelos possíveis pretendentes. (Não pense que foi equívoco, pois o psicólogo dispõe de técnicas eficazes para a obtenção da perda de peso!). Numa outra vez, é o industrial que procura o psicólogo, querendo obter o melhor desempenho de seus operários, de modo a aumentar a produção de sua fábrica.

O psicólogo escolar, o da área da saúde e o organizacional, cada um deles, para conhecer adequadamente a situação e poder resolver problemas como esses, se sairia melhor fazendo uso de técnicas de observação direta e registro de comportamento. Tanto para que ele próprio observe e registre o comportamento que pretende modificar, como para treinar o seu cliente, seus auxiliares, ou pessoas ligadas a seu cliente, para que elas próprias observem e registrem o comportamento que deve ser alterado.

A observação precisa de comportamento também é importante para outras pessoas, que poderiam ser denominadas de "modificadores de comportamento", entre elas: pais, educadores, treinadores de pessoal etc. Seu trabalho poderia tornar-se mais eficiente se realizassem observações planejadas e as registrassem adequadamente. Por exemplo, o pai que se queixa de a esposa não saber lidar com o filho de 2 anos, que chora por qualquer coisa. Se ela fosse instruída a observar e anotar as ocasiões em que o filho chora, quantas vezes o faz e em que circunstâncias isso acontece, talvez descobrisse algo mais ou menos assim:

1. A criança chora quando quer obter alguma coisa que não consegue por outros meios;
2. Chora mais em presença da mãe do que de outras pessoas;
3. Depois que o garoto começa a chorar, quase sempre a mãe faz o que ele quer.

Diante dessas constatações, graças à observação cuidadosa feita, já temos meio caminho andado, dispondo de uma hipótese para nortear o tratamento a ser empreendido: talvez, por atender a criança nas ocasiões em que faz birra, a mãe esteja contribuindo para manter esse comportamento indesejável. Possivelmente o mais adequado seria instruir a mãe a ouvir o choro e não satisfazer os desejos da criança, quando inadequados ou abusivos, de forma a extinguir o comportamento de birra. Durante o tratamento, observações continuariam a ser feitas de forma a se verificar se a tática adotada obteve bom resultado.

Instrumento de pesquisa. Viu-se, no exemplo anterior, a utilidade do uso da observação comportamental. Mas não é apenas na área de modificação de comportamento que a observação e registro comportamental é importante. Observação e registro são úteis também como instrumento de pesquisa. Um bom número de cientistas tem feito uso deles. Citemos apenas alguns trabalhos. O famoso Darwin, já em 1872, publicava os resultados de suas precisas e bem descritas pesquisas observacionais a respeito da expressão das emoções[9], Nick G. Blurton Jones, Robert A. Hinde, Sidney W. Bijou, Karl Weick e muitos outros têm dedicado parte de suas vidas para efetuarem pesquisas, utilizando para isso diversas técnicas de observação e registro de comportamento.

Se leu com atenção, terá notado que os pesquisadores citados têm nomes estrangeiros e, então, poder-se-á perguntar: "E os brasileiros não são de nada?!". Calma que chegaremos lá! Os nossos pesquisadores também

[9] Por sinal, o incrível trabalho de Charles Darwin *A expressão das emoções no homem e nos animais* – com 128 anos de atraso (!) – foi traduzido para o português, no ano 2000, pela editora Companhia das Letras, de São Paulo. Essa obra é um verdadeiro monumento com contribuições fantásticas a respeito das emoções, em diferentes culturas e entre os animais.

É um clássico sempre atual. Vale a pena ler. Juro que não vai se arrepender. A obra é tão ou mais impressionante quanto se nota que, numa época sem internet e WhatsApp, Darwin se correspondia com pesquisadores do mundo todo e pedia a eles que testassem suas hipóteses. (Naquela ocasião uma carta seguia apenas de navio, que gastava meses para percursos que os atuais levam apenas dias, e que os aviões gastam somente algumas horas!).

têm feito trabalhos utilizando a observação comportamental. Citemos apenas alguns dos importantes incentivadores: Margarida H. Windholz, Maria Clotilde Rossetti Ferreira, Nilce Pinheiro Mejias, Raquel Rodrigues Kerbauy e Tereza Pontual de Lemos Mettel que por muitos anos fizeram e incentivaram a realização de pesquisas e/ou trabalhos com utilização de observação de comportamento humano; e Walter Hugo de Andrade Cunha e César Ades que fizeram o mesmo, principalmente quanto à observação do comportamento animal.

Pois é, estamos querendo dar uma ajuda ao "aprendiz de feiticeiro", isto é, ao aprendiz de psicólogo e/ou modificador de comportamento e/ou pesquisador que está lendo estas "mal traçadas linhas"... Aqui, você encontrará algumas dicas de como fazer para observar e descrever, definir e registrar comportamentos.

Bom proveito.

A observação comportamental é importante para os psicólogos, modificadores de comportamento e pesquisadores, servindo-lhes como um instrumento de trabalho para obtenção de dados que, entre outras coisas:

a. Aumentem sua compreensão a respeito do comportamento sob investigação;

b. Facilitem o levantamento de hipóteses ou estabelecimento de diagnóstico; e

c. Que permitam acompanhar o desenrolar de uma intervenção ou tratamento e testar seus efeitos ou eficácia.

1.2 LINGUAGEM CIENTÍFICA

Vamos à primeira dica. Diz respeito à linguagem a ser usada ao se descrever observações comportamentais. Imagine-se estudando em seu quarto. Aí, alguém liga o rádio ou a televisão ou deixa muito alto o som de seu celular. Em determinado momento, você pode dizer aos seus botões:

— "Pô, logo agora estão irradiando futebol!"

Pouco depois, embora esteja fazendo força para não prestar atenção aos sons que chegam aos seus ouvidos, mas ficar estudando, você saberá que algum locutor policial está "dando o seu recado".

Deixando de lado algumas dicas específicas e alguns aspectos relacionados com a rapidez da fala ou com o tipo de entonação de voz, poder-se-ia dizer que a linguagem de um radialista de futebol é dotada de características próprias, devido ao uso costumeiro de palavras, expressões e até de algumas formas de construir as frases. O mesmo acontece com o linguajar de um repórter policial. É típico de um certo narrador de futebol o emprego de expressões como esta: "A esfera penetrou o barbante" (A bola entrou na rede, foi marcado gol). Uma análise mais cuidadosa revelaria que alguns narradores possuem um modo especial de descrever o que veem; possuem uma "linguagem", até certo ponto, específica deles.

E isso se evidencia também na linguagem escrita, tal como estamos acostumados a ler, por exemplo em jornais, nas seções de política ou economia. Quem já não ouviu a palavra "economês" para referir-se ao linguajar próprio dos economistas? Ou quem não precisou pedir para seu médico traduzir algumas de suas recomendações? Os advogados também têm o hábito de usar certos jargões, bem como de abusar de palavras ou expressões latinas, o tal de "juridiquês"[10]. Por exemplo, quando discordam da posição defendida por um oponente, dizem "data venia", ao invés de polidamente dizerem: "me permita discordar".

[10] Sobre o "juridiquês", veja-se, por exemplo, https://www1.folha.uol.com.br/colunas/conrado-hubner-mendes/2024/01/juridiques-a-doenca-infantil-do-bacharelismo.shtml Acesso: 24 de janeiro de 2024

O psicólogo, o modificador de comportamento e o pesquisador devem ter uma linguagem específica para descrever suas observações e comunicar o resultado de seus estudos, para que possam se entender mais clara, direta e eficazmente, sem perda de tempo. Devem usar uma linguagem científica. Bons exemplos dessa linguagem podem ser vistos em revistas científicas ou em resumos de congressos e reuniões científicas de Psicologia, Educação, Fonoaudiologia ou outras áreas.

No final do livro (veja o Anexo), publicamos uma pesquisa completa que foi transcrita de uma revista de Psicologia. Lendo-a você terá um exemplo de utilização da linguagem científica, além de ficar conhecendo uma aplicação prática das principais noções e técnicas expostas neste livro. Aplicação feita para tentar resolver o problema de qual era o melhor local da casa para nele uma criança poder estudar. Vale a pena destacar que a interessante pesquisa dada no Anexo foi feita e publicada enquanto sua autora era aluna de graduação em Psicologia!

Observações comportamentais devem ser descritas utilizando-se uma linguagem científica, para facilitar a comunicação entre psicólogos, modificadores de comportamento e pesquisadores.

1.3 ALGUMAS CARACTERÍSTICAS DE UMA LINGUAGEM CIENTÍFICA

Dentre as características que poderiam ser requeridas de uma linguagem científica, destacaremos quatro: *objetividade; clareza e exatidão; concisão; e ser afirmativa ou direta* (Cunha, 1976). Foram sugeridas pelo meu querido professor de pós-graduação na USP, Walter Hugo de Andrade Cunha (entusiasta e grande incentivador dos estudos observacionais no Brasil, fundador da Etologia em nosso País, que acabou me "contaminando"...).

1.3.1 Objetividade

A objetividade é, certamente, a característica essencial do linguajar que estamos chamando de científico. Uma linguagem é objetiva quando se atém apenas a coisas e fatos efetivamente observados. Coisas e fatos visíveis, audíveis, palpáveis, degustáveis, cheiráveis, enfim, perceptíveis pelos sentidos, sendo que, de modo geral, há predomínio do que é percebido pela visão e audição, visto serem os sentidos que geralmente mais utilizamos. Dessa forma, deixam-se de lado todas as *impressões subjetivas, as interpretações pessoais e leva-se em conta só as coisas e fatos perceptíveis pelos sentidos.*

Vejamos um exemplo. Se você está lendo um romance, poderia encontrar alguma passagem semelhante a esta:

> Paulo está sentado à mesa de um bar. Tem à frente três garrafas de cerveja vazias e uma quarta, ainda pela metade. Ostenta um olhar de profunda melancolia.

Não faz nada. Praticamente, seu único e repetitivo gesto é o de levar o copo à boca. Às vezes, olha o copo para ver se nele ainda há cerveja. As várias pessoas, que se movimentam à sua volta, não parecem existir para ele. São agitação de superfície que não perturbam a triste quietude de suas águas profundas.

Mas que vejo? Paulo se move! Acompanha atentamente a graciosa criatura que, passando ao lado dele, foi sentar-se à mesa ao lado. Algo de inexplicável se deu. Seu olhar agora refulge! É de alegria que brilham seus olhos. Se movem inquietos de um lado a outro, fitando os mínimos movimentos do rosto da moça encantadora. Na verdade, todo o seu ser parece transformado.

Quem será a formosa criatura? Como pôde transformá-lo assim, tão abruptamente?

Fim. Acabou-se a novela. Quem quiser saber o final, aguarde o próximo capítulo... Por ora, basta chamar a atenção para alguns aspectos desse relato. Está se vendo que não se trata de uma descrição científica, mas de trecho com algum aspecto de literatura. Se o comportamento de Paulo fosse objeto de uma descrição científica, o relato seria bem diferente. Talvez o que se segue:

Paulo está sentado à mesa de um bar. Tem à sua frente, sobre a mesa, quatro garrafas com rótulos de cerveja: três vazias e uma pela metade.

Praticamente, seu único e repetitivo gesto é o de levar o copo à boca. Três vezes volta o rosto em direção ao copo. Duas pessoas passam, andando em torno de sua mesa. Enquanto ele mantém o rosto e os olhos fixos, voltados para um mesmo ponto do espaço.

Paulo volta o rosto em direção a uma moça que, passando ao lado dele, vai sentar-se à mesa que está ao lado da dele. Seus olhos se movem repetitivamente de um lado a outro, mantendo o rosto orientado para o rosto da moça que se move de um lado para outro.

Ora, dirão, acabou-se a "poesia" da estória! Que seja. Um relato científico não pode ser "poético", mas deve ser feito com uma linguagem objetiva. A edição revista (e melhorada?) da "tragédia" de Paulo excluiu as impressões subjetivas do autor, quando diz que o olhar de nosso herói era de melancolia profunda e se tornou alegria; que a moça era bela e graciosa; que as pessoas que passavam perto de Paulo pareciam não existir para ele. Excluiu, igualmente, a comparação com as águas superficiais e as profundas de algum mar, por ser somente um recurso literário (bem bonitinho, você não achou?) e não um fato acontecido.

Finalismo. Um tipo de interpretação subjetiva, que é fácil de ocorrer, é o que se poderia chamar de "*finalismo*". Acontece no caso relatado, quando se diz: "olha para o copo para ver se nele ainda há cerveja". É certo que Paulo poderia ter olhado por causa disso. Mas não é objetivo narrar assim, já que ele poderia ter tido outros motivos, quando olhou o copo. Por exemplo, poderia olhar para ver se havia espuma na cerveja, ou para certificar-se de que não caíra nenhuma mosca no seu precioso líquido, ou para conferir o rótulo e saber se o garçom trouxe sua marca preferida, ou poderia ter olhado sem nenhuma finalidade especial.

Algumas vezes, os relatos têm aparência de finalismo, embora correspondam à realidade dos fatos. Exemplo: "Fulano enfiou a mão no bolso da calça para tirar o lenço. Entregou-o a Beltrano". Nesse caso, se fosse um relato científico, seria preferível dizer: "Fulano enfiou a mão no bolso da calça. Retirou um lenço e entregou-o a Beltrano". Isso porque é sempre preferível a narração dos fatos, *na sequência em que ocorrem e se sucedem,* sem dar a impressão de que se está "adivinhando" o que a mão ia fazer ao entrar no bolso.

> Sublinhe, nos exemplos abaixo, onde o relato deixa de ser descrição objetiva de comportamento e se torna interpretação subjetiva a respeito de tais comportamentos.
>
> — "Mariazinha quebrou o vaso e olhou para verificar se sua mãe estava brava".
>
> — "Ele permaneceu parado muito tempo na esquina, por isso estava irrequieto".

Se respondeu, no primeiro caso: "para verificar se sua mãe estava brava" e, no segundo: "por isso estava irrequieto", acertou. Muito bem!

O "parado muito tempo" é falha que você entenderá no tópico que vem a seguir.

1.3.2 Clareza e exatidão

O texto a respeito do hipotético Paulo também se presta para salientarmos outras características do linguajar científico: clareza e exatidão.

Certamente nenhum literato tem a obrigação de ser claro ou compreensível e ser exato e preciso. Algumas vezes a beleza de seu relato reside exatamente na ausência dessas características. É o caso do romance "Dom Casmurro", de Machado de Assis, um dos mais importantes da literatura brasileira e leitura obrigatória nos vestibulares famosos. A imprecisão de certas situações descritas pelo autor tem intrigado os estudiosos de sua obra, tornando-a mais atraente.

Muitos e muitos livros foram escritos para se discutir se a linda Capitu, casada com Bentinho, o traiu ou não com Escobar, seu melhor amigo. É que o autor, intencionalmente, fez uso de ambiguidades que deixam o leitor na incerteza. Por ser uma obra literária e não um texto científico, é válido o recurso da falta de clareza e exatidão.

Pela mesma razão, é justificável que o nosso suposto literato tenha dito que Paulo conservava um *"olhar de profunda melancolia"*. De imediato, pode-se dizer que isso é uma impressão subjetiva. Mas também se poderia argumentar que, de fato, algo se passou no rosto dele e no seu olhar, de modo a levar o escritor, que observava a cena, a ter impressão de que havia tristeza. Nesse caso, tais modificações do rosto e do olhar é que deveriam ser descritas detalhadamente.

Noutro ponto, afirma-se que "várias pessoas se movimentam à volta de Paulo". Quantas pessoas seriam "várias"? O ideal seria indicar o número exato ou aproximado (por ex.: "4 pessoas", "cerca de 5").

"Se movimentam", o que isso quer dizer? Significa que as pessoas "passam, andando" em torno da mesa, ou que as pessoas que estão ao lado da mesa estão "se rebolando", "fazendo ginástica" ou "movimentando a mão à frente dos olhos de Paulo"? Como tudo isso poderia ser considerado como "movimentar-se", é preciso dizer, com exatidão, o que de fato aconteceu.

Um outro exemplo: "Márcia foi até a mesa de Carlos e pegou o seu livro". Poder-se-ia perguntar: pegou o livro de quem? Da Márcia ou do Carlos? Seria melhor dizer: "Márcia foi até a mesa de Carlos e pegou o livro dele" (ou: "o livro de Carlos").

Clareza e exatidão de linguagem, em oposição a obscuridade, ambiguidade e imprecisão, são, portanto, necessárias a um relato científico, para que o leitor não tenha dúvida a respeito do que o autor quis dizer.

Sublinhe nos dois exemplos, a(s) palavra(s) que incorre(m) em falha de exatidão. Se quer, aprender, de fato, tente responder, antes de ver as respostas dadas a seguir.

— "Ele permaneceu parado muito tempo na esquina".

— "O patrão deu um pequeno aumento a José".

— "A febre subiu alguns décimos."

Respostas:

Estas são as falhas: *"muito", "pequeno", "alguns".*

O que é "muito tempo"? Um dia, duas horas ou 30 minutos?

O que constitui *"pequeno aumento"*? Dez centavos, cem reais ou o quê? Para quem ganha salário mínimo, R$ 100,00 é aumento real. Mas não o seria se fosse para o salário de um deputado...

O que vem a ser *"alguns"* décimos de aumento da febre? Seriam 2 ou 3?, 5 ou 6?, 7 ou 8 décimos? Se o doente está com 40 graus de febre, pode ser essencial conhecer, exatamente, quantos décimos a febre aumentou, para se saber que rumo dar ao tratamento, e com qual urgência se deve tomar as medidas necessárias.

Vê-se, pois, que clareza e exatidão são características importantes da linguagem que deve ser usada em trabalhos científicos.

Se acertou tudo, muito bem; caso contrário, seria conveniente reler o texto.

1.3.3 Brevidade (concisão)

No item 1.3.1, se a descrição do nosso literato fosse um relato científico, poderíamos dizer que o homem está pior que certos jogadores de futebol: mais cometem faltas do que jogam, tal como ele mais comete erros do que escreve... E teria outra falha: não é breve ou conciso. Por exemplo, quando inclui a comparação com as águas superficiais e as profundas ("agitação de superfície... águas profundas."); quando se pergunta: *"mas o que vejo?"*; quando comenta que *"algo de inexplicável se deu"* etc. Todas essas coisas são desnecessárias por serem comentários pessoais e não descrição do que estava acontecendo.

Algumas vezes, a brevidade ou concisão deve ceder lugar à *repetição, redundância ou explicações adicionais*, a fim de que a clareza seja mantida. Dessa forma, se fosse dito que "Marcos apanhou o giz branco e o amarelo e escreveu seu nome na lousa", poder-se-ia perguntar: com o primeiro, com o segundo, ou com ambos? Num relato científico, poderia ser necessário saber com qual deles é que escreveu. Daí que seria correto a repetição: "Marcos apanhou o giz branco e o amarelo e escreveu seu nome na lousa com o giz amarelo".

Na linguagem comum, o uso de certas explicações adicionais seria antieconômico e até irritante, mas num relato científico podem ser úteis ou até mesmo indispensáveis.

Reescreva os seguintes relatos, tornando-os mais breves e concisos.

— "O gato deu um pulo e foi cair a quase um metro do local. Foi um pulo espetacular".

....

....

— "Carlos disse: venha cá! O garoto foi até ele. Trata-se de um garoto muito obediente".

....

....

Note que, no primeiro exemplo, a indicação de que o gato foi cair a "quase um metro do local" pode ser justificada, pois quando não se dispõe de meios para uma mensuração precisa, é aconselhável uma indicação aproximada.

Respostas:

Para corrigir os exemplos dados, bastaria eliminar a última frase de cada um. Nos dois casos, a última frase não relata um comportamento que foi observado pelo pesquisador, mas é apenas um comentário pessoal dele.

1.3.4 Ser direta (afirmativa)

Em um relato técnico ou científico, *só se deve descrever o que acontece e não o que deixa de acontecer.* Em outras palavras, a descrição deve ser feita de maneira direta ou afirmativa, deixando-se de apelar para a negação. Como dizia em classe um professor que tive (Walter Hugo de Andrade Cunha), "Se a gente fosse dizer tudo o que não acontece, não haveria, no mundo todo, tinta e papel que bastassem"...

No trecho referente a Paulo, o nosso literato disse que ele "não faz nada". Ora, por que não incluir que Paulo não estava gritando, ou lendo gibi, ou fazendo tricô ou digitando no seu celular etc, etc?

Por sinal, a frase seguinte da descrição está apresentada de maneira direta e afirmativa: "Praticamente seu único e repetitivo gesto é o de levar o copo à boca". Ressalte-se, também, que o "*praticamente*" pode ser aceito. Não é o único gesto – levar o copo à boca – mas é o mais frequente. Se fosse importante saber e não foi contado quantas vezes tal gesto foi repetido, o mais correto é usar ou uma medida aproximada (por ex.: cerca de 10 vezes) ou, "saindo pela tangente", utilizar, como aparece no texto, a palavra "praticamente".

1. Modifique os relatos dados a seguir, de forma a ficarem escritos de maneira direta (afirmativa).

— "O menino saiu chorando, sem dizer uma só palavra. Pouco depois, voltou e bateu em um desconhecido."

— "O garoto subiu na árvore e, sem olhar para baixo, chamou a mãe para ver."

Levando-se em conta apenas o "ser direta (afirmativa)", as correções poderiam ser as seguintes:

"O menino saiu chorando. Pouco depois, voltou e bateu numa criança (garoto, homem etc)."

"O garoto subiu na árvore e, olhando para cima, chamou a mãe para ver."

2. Nessas duas correções ainda persistem outras falhas contra o linguajar científico. Corrija-as e diga contra que norma(s) peca(m).

Se já corrigiu, tudo bem. Caso contrário faça-o antes de ler o que se segue, se quiser ter um proveito maior.

"Pouco depois" peca contra a exatidão, e "para ver" é contra a clareza, pois fica-se sem saber, por exemplo, quanto tempo decorreu no primeiro caso ou, no segundo relato, o que o garoto queria que sua mãe visse.

Uma das muitas maneiras de se corrigir a primeira descrição seria: "O menino saiu chorando. Cerca de 5 minutos depois, voltou e bateu numa criança". Ou: "Trinta segundos depois, voltou..." Se o tempo não foi cronometrado, poder-se-ia ou eliminar a indicação de tempo, como se fez acima, na primeira correção, ou estimar a sua duração, se isso fosse importante saber: "cerca de meio minuto depois, voltou"...

Você poderia, também, dar mais clareza ao "numa criança", caso existissem várias na situação, corrigindo assim: "uma criança de boné" (ou outra característica marcante na situação).

Quanto à segunda descrição, poderia ser alterada de modo a ficar assim: "O garoto subiu na árvore e, olhando para cima, chamou a mãe para vê-lo". Ou: "olhando para cima, disse: mãe, vem ver o que eu faço".

Você poderia dizer que "olhando para cima" não expressa exatamente o que a frase "sem olhar para baixo" quer significar. É possível. Isso decorre da imprecisão ou falta de clareza da linguagem comum. Na verdade, só quem presenciou o fato é que poderá explicar com clareza o que, realmente, se passou. "Olhando para cima" é apenas uma das muitas interpretações possíveis. É por isso que se dá tanto valor ao linguajar científico, para se evitar frases ambíguas e quem escreve conseguir comunicar só e exatamente o que pretendia dizer.

Na descrição científica de comportamentos, deve-se procurar ser o mais objetivo possível, tudo expressar com clareza, exatidão e concisão, descrevendo-se o que acontece, na sequência em que os fatos se sucedem, de maneira direta (afirmativa).

1.4 Descrição científica e linguagem cotidiana

Em nossa vida diária, a maneira de nos expressarmos na linguagem coloquial, normalmente se apresenta repleta de subjetividades e imprecisões. Além de outros fatores, contribui para isso o fato de cada palavra possuir múltiplos significados. Tantos e tais, que certo estudioso se referia à linguagem como uma "fonte de mal-entendidos" e concluía ser um verdadeiro milagre o fato de conseguirmos nos fazer entender.

Além de interpretações subjetivas e imprecisões, a linguagem cotidiana faz uso de expressões desnecessárias e outros recursos, que se opõem ao linguajar científico.

Por tais razões, e uma vez que é de capital importância que psicólogos, modificadores de comportamento e pesquisadores se façam entender adequada e plenamente, é necessário que deixem de lado a linguagem cotidiana ou coloquial e utilizem a científica, quando descrevem suas observações ou relatam seus estudos. É igualmente necessário, como veremos mais adiante, que definam os comportamentos aos quais dizem se referir. Do contrário, poderão estar falando de coisas diferentes quando afirmam estar se referindo a uma mesma coisa.

O longo costume que temos no uso da linguagem coloquial constitui, no entanto, uma dificuldade ao aprendizado de uma linguagem científica. Donde se fazer necessário um treinamento especial para que ela seja adquirida, como iremos lhe propor aqui.

Não se pode pretender que deixemos de utilizar a linguagem coloquial no nosso dia a dia: e nem que os literatos não empreguem um linguajar repleto de figuras de estilo em seus escritos. Como diziam os antigos: "Cada coisa em seu lugar" ou ainda, "Para tudo há tempo e hora". Seria ridículo, quando não fosse pedante e até irritante, requerer que, em nossa comunicação diária, ou na literária, fôssemos objetivos, claros, exatos, concisos e só relatássemos as coisas de maneira afirmativa. Se isso fosse feito, complicaríamos o nosso relacionamento diário, além de, quem sabe, tornarmos o mundo menos colorido, menos poético e menos agradável. Nada disso!

Psicólogos, modificadores de comportamento e pesquisadores, além da linguagem coloquial que usam no seu dia a dia, devem utilizar o linguajar científico para descrever e definir comportamentos, o que demanda um treinamento especial.

Para permitir que você estabeleça melhor a diferença entre as linguagens corriqueira e científica, reproduzo a estória de Paulo numa disposição gráfica especial que permite compará-las quase que palavra por palavra.

A fim de evitar que durma ao reler a estória de Paulo, proponho que escolha uma destas duas alternativas: (1) ler o texto com vagar e procurar responder a pergunta que será feita dois parágrafos a seguir. Nesse caso, além da oportunidade de estabelecer melhor a diferença entre as duas linguagens, você estará descobrindo mais um erro que deve ser evitado numa linguagem científica.

A outra alternativa (2) é, pura e simplesmente, pular esse trecho e passar diretamente para o item seguinte. Afinal, esse é um direito que você tem, principalmente num país democrático...

Pergunta:

Para quem escolheu a primeira alternativa, eis a pergunta (a esses fica assegurado um outro direito democrático, o de xingar o autor... Mas, por favor, não xinguem minha mãezinha, pois ela não tem culpa alguma, eu é que fiquei assim!):

Dentre os trechos que foram suprimidos, indicados pelos parênteses, alguns o foram por ser um recurso usual em nossa linguagem corriqueira e que não tem cabimento em um relato científico: *o uso de adjetivos*. Assim, após ler o relato, *indique pelo menos dois adjetivos* que aparecerem no texto.

Na história de Paulo, repetida a seguir de modo diferente, *a primeira linha*, em negrito, traz a versão objetiva (simbolizada pela letra **o**) e a *segunda*, a romanceada (indicada pela letra r).

Quando o relato do nosso "literato" está bom, ele ficará na primeira linha.

Os *parênteses* mostram os trechos suprimidos.

A *linha pontilhada* salienta os trechos que foram substituídos por palavras ou expressões equivalentes, porém mais objetivas.

Note-se que se trata de "expressões equivalentes", pois a linguagem corriqueira admite, muitas vezes, várias interpretações e se presta a certas ambiguidades. Você, ou qualquer outra pessoa, pode duvidar ou discordar que a "tradução" dada pelo Autor corresponda ao que o texto romanceado quis dizer. É exatamente para tentar evitar essas falhas que, em Psicologia e outras áreas, procura-se adotar uma linguagem objetiva.

Legenda:

o	= **relato objetivo;**
r	= relato romanceado;
( )	= trecho suprimido;
....	= trecho inserido ou substituído por outro, que é objetivo.

o. Paulo está sentado à mesa de um bar.

r.

o. Tem à sua frente, sobre a mesa, três garrafas

r.

o. .... com rótulos de cerveja:

r. de cerveja

o. três vazias e uma quarta ( ) pela metade.

r. ainda

o. ( )

r. Ostenta um olhar de profunda melancolia.

o. .... Praticamente, seu único

r. Não faz nada.

o. e repetitivo gesto

r.

o. é o de levar o copo à boca................[três] vezes

r. Às vezes

o. .... volta o rosto em direção ao copo.

r. olha o copo,

o. ( )

r. para ver se nele ainda há cerveja.

o. .... Duas pessoas

r. As várias pessoas

o. .... passam, andando

r. que se movimentam

o.................. em torno da mesa de Paulo,

r. à sua volta

o... enquanto ele mantém o rosto e os olhos fixos, voltados para um mesmo ponto do espaço.

r. não parecem existir para ele

o. ( )

r. São agitação de superfície que não perturbam

o. ( )

r. a triste quietude de suas águas profundas.

o. ( ) Paulo se move ( ) .

r. Mas que vejo? Paulo se move !

o.. Seu rosto se volta em direção

r. Acompanha atentamente

o. a ( )............. uma moça

r. a graciosa criatura

o. que, passando ao lado dele, foi sentar-se

r.

o. à mesa.................que está ao lado da mesa de Paulo.

r. ao lado.

o. (   )

r. Algo de inexplicável se deu.

o. (   )

r. Seu olhar agora refulge!

o. (   )

r. É de alegria que brilham seus olhos.

o. Seus olhos se movem...................repetitivamente

r.   inquietos

o. de um lado a outro,

r.

o. ....mantendo o rosto orientado para

r. fitando

o. (   ) **o rosto**

r. os mínimos movimentos da

o. da moça que se move de um lado para outro (**).**

r.   encantadora.

o. (   )

r. Na verdade, todo o seu ser parece transformado.

o. (   )

r. Quem será a linda criatura?

o. (   )

r. Como pôde transformá-lo assim,

o. (   )

r. tão abruptamente?

Cite dois adjetivos, dentre os utilizados na narrativa:

....e..

Respondendo à pergunta formulada, você poderia ter indicado dois dentre estes cinco adjetivos usados: "triste", "graciosa", "mínimos", "encantadora" e "linda" – que não devem ser usados numa linguagem científica.

Caso queira testar sua compreensão a respeito das ideias principais desenvolvidas até aqui, no presente texto, você pode resolver o Exercício I, que se encontra no Apêndice A, no final do livro. Terminando de responder, confira o que é dito em: Respostas ao Exercício I, no Apêndice B. Recomendo que faça o Exercício I.

1.5 Registro Cursivo de comportamentos

A observação precisa de comportamentos, feita diretamente, a saber, quando o observador se coloca frente a uma pessoa ou animal[11] e o observa, é essencial para os trabalhos de psicólogos, modificadores de comportamento e pesquisadores. O registro dessas observações também se reveste de importância, na medida em que *facilita a análise posterior, dificultando a ação do esquecimento.*

[11] Quando se trata de uma pessoa, ela passa a ser designada como sendo um "*Participante*" e o termo "*Sujeito*" fica reservado para indicar exclusivamente animais.

Uma forma simples de registro é o denominado "cursivo", que será explicado a seguir. Basicamente se resume no que se falou anteriormente sobre "descrição de comportamento". Existem outras formas de registro. As que mais nos interessam serão apresentadas no Capítulo 3.

O Registro Cursivo é também chamado de Registro Contínuo. Consiste em se *descrever o que ocorre, no momento em que ocorre, na sequência em que os fatos se dão, cuidando-se de se seguir as recomendações técnicas para que se tenha uma linguagem científica.*

O exemplo dado a seguir foi retirado de um Registro Cursivo efetuado pelo Autor, na Santa Casa de Misericórdia de São Paulo, pavilhão de pediatria, onde os Participantes estavam internados. Trata-se de registro de dois minutos de duração, obtido com uma dentre 10 crianças que foram observadas na ocasião. As crianças podiam se movimentar livremente pelos quartos e corredor. Estavam sendo observadas para que se viesse a conhecer o seu repertório comportamental[12] naquela enfermaria.

---

[12] Denomina-se *"repertório comportamental" o conjunto de comportamentos típicos ou mais frequentes de um dado indivíduo ou grupo deles, numa situação determinada*; é aquilo que ela ou eles fazem numa determinada situação.

O repertório comportamental de uma pessoa, o que ela faz enquanto joga pôquer com cartas virtuais na internet é bem diferente daquele que essa mesma pessoa apresenta enquanto joga pôquer com cartas de plástico com os seus amigos.

Os comportamentos estereotipados que uma criança autista apresenta são bem diferentes daqueles que você pode observar numa outra criança da mesma idade, na mesma situação, mas que não seja autista. Diz-se, assim, que o repertório comportamental das duas é bem diferente.

Folha de Registro (Protocolo)

Objetivo: identificar o repertório comportamental de 10 das crianças internadas.

Situação de observação: atividades livres no quarto da enfermeira. O quarto mede 5,5 x 3,0 m e nele se encontram 4 camas e 4 criados-mudos.

Os leitos são de 3 crianças que, no momento, estão fora do quarto.

Participante: G. A. M.[13] (Menina de 6 anos, internada com pneumonia; nível sócioeconômico baixo).

Início da observação: 9 h. Término: 9 h 02.

Duração: 2 min.

Técnica de observação: Registro Cursivo.

"P (o Participante) se encontra no quarto, sozinho, de pé; junto à cama que fica próxima da porta. Canta, enquanto anda, indo até a porta do quarto. Volta até a cama, próxima da porta, cantando. (Entram no quarto 3 meninas. Vão até o P[14].) Conversa com a criança mais alta. Agacha-se e apanha uma boneca do chão. Levanta-se e corre até a cama que está perto da porta. Coloca a boneca sobre essa cama. Sorri. Levanta o braço esquerdo. Pergunta: "Quem quer brincar, põe o dedo aqui" – apontando, com o dedo indicador direito, a mão esquerda, espalmada e levantada na altura do peito.

[13] Por razões éticas, para que sua identidade não seja revelada, nunca se fornece o nome de Participante, mas só suas iniciais. Vá se acostumando em fazer assim em seus relatórios de observação, ou que usem outras técnicas de pesquisa com humanos.

[14] Tem mais: em tempos de "politicamente correto", costuma-se reservar o termo "Sujeito" quando se observa algum animal e "Participante", quando se observa um humano. P é a abreviatura usual para "Participante". Só se descreve os comportamentos do P escolhido. As demais pessoas presentes, não. A menos que o que fizeram interfira como o que fez o P escolhido.

Como pode ser notado, o Registro Cursivo é um relato de *quase tudo* o que acontece. É uma espécie de filmagem do que é presenciado, *na sequência em que os fatos se sucedem*. Não é uma síntese de minhas lembranças, feita depois que os acontecimentos terminaram. Não é um relato do que foi presenciado, mas só veio a ser anotado depois que tudo acabou. É um registro instantâneo: *feito enquanto as coisas acontecem*. É olhar e anotar, tornar a olhar e voltar a anotar, alternando as duas coisas até o final da sessão.

A Folha de Registro de uma das 10 crianças na enfermaria, que acabou de ver, é uma versão melhorada das anotações, resumidas e cheias de abreviações, feitas *durante o desenrolar dos fatos* e não depois que tudo acabou.

Resumir e abreviar é procedimento bastante usado, quando se trata de fazer um Registro Cursivo: primeiramente se faz um rascunho, com anotações resumidas e, depois, se *passa a limpo*, completando nele o que você viu e, na hora, não anotou. E é essencial que isso seja feito o mais rápido possível para se evitar esquecimento de detalhes importantes.

Foi dito acima que se relata *"quase tudo o que acontece"*. Isso porque, em primeiro lugar, só se registram fatos objetivos que tenham ocorrido, não incluindo no relato interpretações e comentários. Depois, porque é praticamente impossível se anotar tudo o que ocorre, pois o seu Participante pode ficar agindo mesmo quando você desvia o olhar dele, para poder fazer suas anotações. (Ainda não inventaram uma tecla mágica de *"pause"*, para fazer o seu Participante *"congelar"* o que estava fazendo enquanto você anota!...).

O procedimento correto é *observar e anotar continuamente* aquilo que ocorre, ao invés de olhar o Participante o tempo todo para não perder nada e, ao terminar a sessão, tentar se recordar o que aconteceu. Não faça isso, porque não conseguirá se lembrar, em detalhes, de tudo o que aconteceu.

É necessário, portanto, *observar, parar de olhar e anotar.* Continuamente. Mesmo sabendo que irá perder parte do que vai acontecer. Se nada puder ser perdido, então será preciso filmar a sessão toda e, só depois, ver e rever o filme para registrar todos os detalhes.

Quanto tempo deve-se olhar o Participante e *quando* deve-se anotar? Não existe um critério fixo. Recomenda-se, contudo, que os períodos contínuos de observação e de anotação sejam *curtos*, para que seja possível registrar mais facilmente o máximo dos comportamentos que estão acontecendo.

Repare que todas as ações presenciadas estão descritas na *ordem direta*: "apanha uma boneca do chão" e não: "do chão uma boneca é apanhada"; "coloca a boneca sobre essa cama" e não "sobre essa cama a boneca é colocada".

- Quer ver se você entendeu? Então assinale quais relatos, abaixo estão escritos na ordem direta e não na indireta.

  a. A criança é beijada pela mãe.

  b. A mãe beija a criança.

  c. O rapaz bate o martelo na cabeça do prego.

c. O martelo é batido na cabeça do prego pelo rapaz.

d. Carlos dá um soco na cara de José.

e. José recebe um soco na cara, dado por Carlos.

Se assinalou b, c, d, você acertou e deverá ser capaz de fazer assim em seus registros.

Já houve época em que escrever na ordem indireta, ou inversa, era recomendado por ser "elegante" e "sofisticado". Livros de Homero, Camões, Cervantes, e outros clássicos da literatura universal, estão repletos de frases assim (também encontrará diversos exemplos nas falas do mestre Yoda, o curioso personagem dos filmes da série de *Star Wars*). Mas como você não é literato famoso, escrevendo à moda antiga, e nem é o mestre Yoda, faça seu Registro Cursivo na ordem direta. Combinado? Quero ver, hein!

No registro feito na Santa Casa, todos os *tempos dos verbos* estão no *presente*. Essa é uma convenção usual, embora o emprego de todos os verbos só no passado seja aceitável.

Repare que, por ser mais simples e conciso, não foram utilizados certos recursos *comuns da linguagem coloquial*. Por exemplo, não foram usadas palavras ou expressões do tipo: *"antes"*, *"depois que"*, *"a seguir"*, *"novamente"*, *"unicamente"*, *"também"*. Não é preciso escrever: "*primeiro* vai até a cama (1) e *depois* coloca a boneca sobre ela (2); *a seguir*, sorri (3)", já que a ordem das ações observadas (1-2-3), segundo convencionamos, é a própria ordem da sequência do que foi anotado.

Também, por uma questão de simplicidade e concisão, não é necessário dizer: "levanta o braço *uma vez só* e sorri *novamente*". Basta informar: "levanta o braço e sorri".

A grande vantagem do Registro Cursivo é permitir a inclusão de uma ampla variedade de comportamentos (todos os que puderem ser lembrados), sem requerer deles definição prévia. Devido a isso, é muitas vezes utilizado numa fase inicial de trabalhos e pesquisas. É o caso, por exemplo, do registro referente à criança na Santa Casa, dado acima. A partir dele (feito durante 6 dias e com mais 9 outras crianças) descobriu-se qual era o conjunto dos comportamentos característicos daquelas crianças hospitalizadas, escolhendo-se alguns a serem observados posteriormente, utilizando-se outras técnicas de registro.

Já se apontou a dificuldade que os Registros Cursivos apresentam quanto aos comportamentos observados: nem todos são efetivamente anotados, ou porque não os percebemos todos, ou porque não houve tempo suficiente para que tudo fosse registrado, ainda que abreviadamente. Às vezes um tal problema é contornado na medida em que, previamente:

a. Se decide anotar só um conjunto de comportamentos, por exemplo, só se registrar os comportamentos motores ou o que o Participante falar; ou

b. Se resolve fazer uso do recurso de um gravador, ditando a ele o que acontece, em vez de ficar a escrever; ou filmando o que ocorreu.

Quando se grava ou filma, assegura-se ao máximo a possibilidade de se registrar tudo o que ocorreu, pois dá para se rever as cenas quantas vezes forem necessárias.

Uma questão, contudo, parece persistir sempre: a quantificação dos dados obtidos. Um Registro Cursivo é uma descrição, um relato e não um conjunto de números. Daí, a dificuldade de se comparar registros cursivos feitos por dois observadores independentes. As técnicas que serão descritas no Capítulo 3 se prestam melhor à quantificação.

O Registro Cursivo é um relato do que é presenciado, feito enquanto os fatos estão acontecendo e relatados na sequência em que se deram, usando-se uma linguagem científica (objetiva, clara e exata, breve e direta).

Recomenda-se narrar os fatos na ordem direta, utilizar os verbos no tempo presente e dispensar o emprego de recursos extras para indicar ordenação ("antes/depois", "em primeiro/segundo lugar etc), repetição ("também", "tornou a fazer" etc) e exclusividade ("somente", "apenas uma vez" etc).

É claro que se eu quero saber o nome de todas as capitais dos estados brasileiros, ou o nome de todos os artistas de um seriado famoso, não basta ter lido sobre tais coisas. É preciso ter a relação deles e praticar, repetindo, várias vezes, a relação completa de tais nomes. Assim também se você quiser, de fato, fazer bons Registros Cursivos, que acabou de ver, ou os outros tipos de registros, que serão abordados no Cap. 2, não basta ler sobre eles, é preciso praticá-los.

Alguém que não sabia consegue andar numa bicicleta de 2 rodas apenas por ter lido as instruções de como fazê-lo? Não! É preciso pegar uma bicicleta e se exercitar, com a ajuda das dicas de quem sabe andar numa delas. Por isso, agora você é convidado a praticar a respeito do Registro Cursivo e, no próximo capítulo, a conhecer e praticar as demais técnicas, com a ajuda das dicas deste livro. Então, mãos-à-obra!

Experimente realizar um Registro Cursivo, durante mais ou menos 2 minutos. Para tanto, arranje lápis ou caneta e, usando o modelo de Folha de Registro dado a seguir, vá anotando, conforme as orientações dadas acima, o que faz alguém que você escolheu (o motorista do táxi, o seu colega de trabalho, a pessoa que se sentou à sua frente no ônibus, o apresentador de algum programa de TV etc). Vá observando o que vê e/ou ouve e anote logo em seguida. Você só desviará o rosto do seu Participante no momento de registrar o que presenciou e procurará escrever rápida e resumidamente. Em seguida, volte a observá-lo.

Observe e anote várias vezes, durante os 2 minutos. Não vale observar 2 min e, só depois, de memória, tentar se lembrar tudo o que aconteceu e, então, escrever o que se lembrou. O Registro Cursivo não é um registro daquilo que você conseguiu se lembrar ao final da sessão de observação, mas é um registro momento a momento daquilo que está fazendo o seu Participante.

Registre tudo o que for possível observar daquilo que faz o Participante, na sequência em que os fatos se dão.

Primeiramente, faça anotações abreviadas ou até mesmo codificadas. A seguir, passe a limpo o que escreveu e complete ou amplie o que lhe parecer necessário para descrever tudo o que foi possível observar.

Importante: passe a limpo o quanto antes, para que não se esqueça dos detalhes, ou não confunda algumas coisas.

Construa frases na ordem direta, empregue os verbos no tempo presente e dispense o uso de recursos de linguagem para indicar ordenação, repetição ou exclusividade.

Importante: o seu relato final só deve conter coisas percebidas pelos seus sentidos, as interpretações, por exemplo, devem ser excluídas (releia o texto, caso não esteja lembrado).

Antes de começar a observação propriamente dita, preencha os itens que constam do cabeçalho da Folha de Registro, também designado como Protocolo de Registro.

Folha de Registro

Objetivo: anotar o que faz um Participante numa dada situação.

Situação de observação: (indique em que situação o Participante se encontra, por exemplo: "situação de refeição na cozinha", "situação de aula", "de serviço no escritório", "de lazer no parque", "de conversa num bar" etc):

Participante:

Início da observação: **Término:**

Duração total: **Data:** ___/___/___

Técnica usada: Registro Cursivo.

Iª parte: registro provisório (rascunho)[15] ....

....

....

....

2ª parte: registro definitivo (passado a limpo)....................

....

....

....

[15] Aqui e nos demais exercícios desse livro, as linhas pontilhadas não indicam a quantidade de texto a ser produzida e, muito menos, onde a atividade proposta deve ser realizada (se no próprio livro ou não). Redija quanto quiser, onde bem entender. Até prova em contrário, este é um país democrático e você pode fazer o que bem entender!

1.6 ALGUNS CUIDADOS PARA SE FAZER OBSERVAÇÃO DE COMPORTAMENTO

Agora que você já aprendeu a técnica de Registro Cursivo para observar e registrar comportamentos, é de se esperar que, na medida do necessário, saia por aí a fazê-lo. E para isso pode ser de grande utilidade as recomendações que são dadas a seguir. São fruto da experiência de muitos pesquisadores que tentaram observar e registrar comportamentos, principalmente em situações naturais.

Tais recomendações certamente facilitarão o seu trabalho e aumentarão a sua eficiência, prevenindo que você dê cabeçadas desnecessárias. Afinal, é aproveitando a experiência dos pioneiros que aqueles que vêm depois terão condições de até ultrapassar as realizações deles.

a. **Ambientação recíproca.** Ao chegar no local da observação, por mais aflito que o observador possa estar, quer para tentar matar sua curiosidade em descobrir o que o seu Participante irá fazer, quer para poder terminar logo a tarefa que lhe foi pedida ou que ele se impôs, o observador jamais deve começar, imediatamente, a registrar o(s) comportamento(s) pretendido(s).

   É absolutamente indispensável um certo tempo de ambientação do observador à situação, antes de iniciar os seus registros. Por exemplo, se a finalidade é observar jovens em uma sala de aula, onde o observador nunca esteve, conviria que ele fosse à sala de aula vários dias e nela permanecesse por certo tempo, antes de dar início aos seus registros. Isso permite que o observador se ambiente, bem como, e principalmente, que os Participantes se acostumem com a presença do pesquisador e possam se comportar mais naturalmente.

b. **Distância do Participante.** O observador deve *permanecer a uma distância* do Participante que permita visualização adequada dos comportamentos desejados. De modo geral, não costuma ser muito próxima do Participante, a fim de não interferir no desempenho dele, ou tirar a sua espontaneidade.

c. **Atitude discreta.** Mantenha-se o observador numa *atitude discreta*, procurando não demonstrar ostensivamente que está a observar, pois o saber que está sendo observado costuma modificar a naturalidade ou espontaneidade do Participante em seu desempenho.

d. **Atitude neutra.** O observador deve procurar *não interferir na situação*, mostrando-se indiferente ou "neutro" a possíveis solicitações dos Participantes. Com crianças, por exemplo, é muito comum que elas procurem interagir com o observador e queiram saber o que ele está escrevendo e até para quê!...

Em algumas ocasiões, o observador intervém planejada e deliberadamente na situação, porque tal intervenção é o próprio objeto de seu estudo, ou é necessária para a obtenção de dados adicionais. No *primeiro caso* se enquadra pesquisa efetuada por Eibl-Eibesfeldt. O autor se aproximava de um estranho e sorria para ele, visto pretender observar a reação do Participante ao sorriso do pesquisador, uma pessoa que lhe era desconhecida.

Se enquadra no *segundo caso* o trabalho do pesquisador que, já dispondo de certas informações a respeito do comportamento do seu Participante, passa a experimentar como o comportamento do Participante se modifica, em função de determinadas interferências que o experimentador vem a fazer. Nesses exemplos, temos ilustração da possibilidade da observação se aliar à experimentação.

Antes de iniciar a obtenção de registros, o observador deve procurar se ambientar à situação e permitir que o Participante se acostume com sua presença; deve permanecer a uma distância adequada do Participante, mantendo-se numa atitude neutra e "discreta", sem interferência na situação, a menos que tal interferência seja o próprio objeto do estudo.

1.7 REPRESENTAÇÃO DA SITUAÇÃO FÍSICA

O local onde o(s) Participante(s) se encontra(m), no momento em que você o(s) está a observar, necessita ser descrito em detalhes. Isso porque parte do que ele(s) faz(em) só pode ser plenamente entendido se o ambiente estiver detalhadamente esclarecido para o leitor. Por exemplo, se registro que meu Participante parou e cuspiu, ficará plenamente entendido se tiver sido informado que ele se encontra em uma mata. Previamente descrita no Protocolo. Mas também poderia ser que ele se encontrasse no interior de uma casa, o que teria outro significado.

1.7.1 Descrição da situação

No item "situação", existente no cabeçalho das Folhas de Registro (Protocolo) dos trabalhos que são propostos neste livro, você deve descrever a situação "física" e "social" formando frases a respeito:

- *O que é o local* onde o Participante se encontrava durante o período em que foi observado. Exemplo: uma sala da casa dele, ou a praça de alimentação de um *shopping*, ou outros locais;
- *Onde se encontrava o Participante* e *fazendo o que, com quem* etc. Por exemplo: o Participante está com uma outra pessoa, ambas sentadas em cadeiras, junto a uma mesa da praça de alimentação, tomando sorvete.

1.7.2 Utilidade do diagrama

Mas além da descrição da situação física e social, e exatamente para complementar a descrição delas e facilitar a visualização do que foi descrito, os relatórios de trabalhos observacionais costumam incluir um desenho, um *diagrama do local da observação*, da situação física.

Tal diagrama também é útil para que o pesquisador guarde os detalhes importantes da situação, que estavam afetando o modo de agir do seu Participante, e possam ajudá-lo a entender e explicar o que foi observado.

Muito importante também para que outras pessoas, que não participaram da observação, possam formar uma ideia completa da situação física onde tudo se passou.

É por essa razão que os relatórios de pesquisa observacionais costumam trazer um diagrama do local onde o trabalho foi realizado.

E é por isso, que vamos explicar o que é e como fazer um.

1.7.3 Exemplo de diagrama

Se a observação tivesse sido feita numa sala de aula e o Participante fosse uma professora, o nosso diagrama poderia ser o que é mostrado na Figura 1.

Figura 1 - Diagrama da sala de aula.

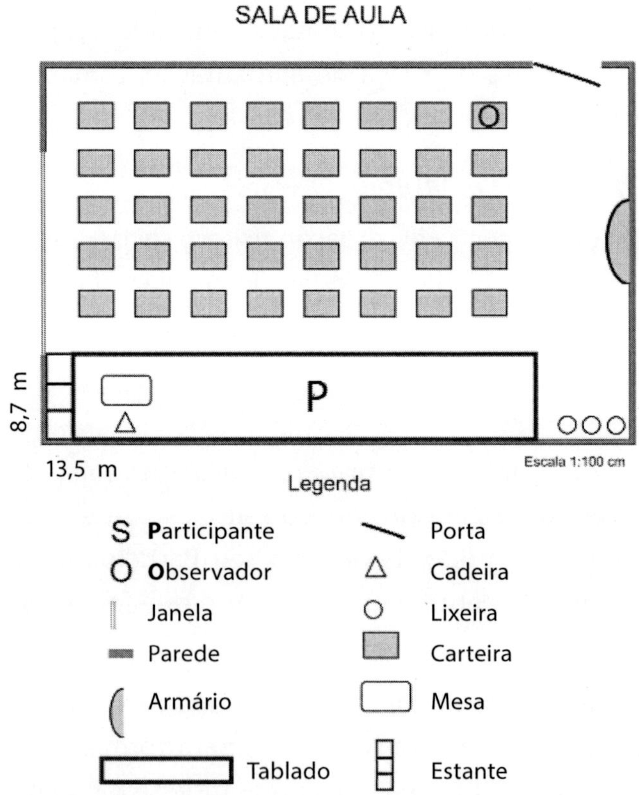

Um esboço da situação física, sua representação gráfica, recebe o nome de croqui (ou croquis) ou *diagrama*. O croqui é uma "planta baixa", um esquema gráfico, um desenho esquemático da situação, indicando-se nele onde *os Participantes e o Observador estão (numa sala, numa praça pública) e o que têm à sua volta* (paredes, janelas, portas etc na sala de aula; e ruas, canteiros, bancos, carros etc, numa praça pública).

Mesmo que você, por não ter jeito para desenhar, tenha desistido de fazer Arquitetura ou Desenho Artístico, não se intimide quando nos exercícios deste livro você for solicitado a fazer um diagrama. Faça-o sem medo, dando nisso o que de melhor conseguir fazer. O que conta mesmo é o essencial da situação física de observação que você for capaz de transmitir. Além do mais, hoje em dia, é simples fazer um diagrama, pois conta-se com os recursos dos computadores que superam as limitações de quem não tem uma boa mão para desenhar.

Quer uma prova de como é simples? O diagrama da Figura 1 foi feito por mim, ajudado por um computador, sendo que tenho pouquíssima habilidade para explorar os seus recursos infinitos. Uso-o mais como uma simples "máquina de escrever" (mandar *e-mails* e também pesquisar no Google, é claro!) e – seja sincero! – não ficou lindo? Que não farão, então, os que são peritos nos recursos dos computadores, principalmente os que já saíram da maternidade teclando no seu celular ou *iphone!*

1.7.4 O que incluir

Damos a seguir alguns exemplos do que incluir em um diagrama.

- Se o local onde ocorreu a observação for o tanque de areia de um parquinho, em uma praça pública, é necessário incluir os elementos *da "geografia" do local*; por exemplo: dar a disposição das ruas e adjacências, mas só daquilo que tiver relevância (onde o Participante transitou), nas proximidades do tanque de areia.
- Se for dentro de uma casa, basta desenhar o cômodo onde ocorre a observação, indicando portas e janelas; bem como o "mobiliário" existente: bancos, mesas, cadeiras, sofás, poltronas, TV etc.
- Se for a praça de alimentação de um *shopping*, basta indicar a mesa onde o Participante se encontra e aquelas que estão à sua volta, não sendo preciso desenhar a praça completa.
- Indispensável especificar sempre a *posição inicial onde estão o(s) Participante(s) e o(s) Observador(es).*

Examine a Figura 1 e diga onde estavam o Participante (P) e o Observador (O).

Já tentou? Então confira. Quando começou a observação, eles estavam:

— P = sobre o tablado;

— O = na carteira perto da porta.

1.7.5 *Volumes e símbolos*

O mobiliário ou outros objetos que sejam importantes representar não precisam estar desenhados com a forma real e nem com suas minúcias. Basta indicar volumes ou símbolos para cada coisa. Examine o diagrama dado na Figura 1 e veja que a cadeira da professora foi representada por um triângulo. Eu nunca vi uma assim, mas foi útil o uso do triângulo, para não haver confusão com a representação de outras coisas com formato quadrado ou retangular, presentes na sala de aula.

Utilizando volumes na representação, tente manter a proporção daquilo que incluir no seu desenho, tal como se fez no diagrama acima. Assim, uma carteira universitária foi representada como um retângulo e a cadeira da professora, como um triângulo. Mas o retângulo está maior do que o triângulo, para dar uma ideia mais precisa do tamanho do mobiliário existente no local.

1.7.6 *Escala*

Ah, se você tiver habilidade, pode representar tudo dentro das proporções corretas. Se ainda não tinha reparado, note que os mapas geográficos, as plantas de edificações ou de outros trabalhos técnicos costumam trazer uma "legenda", geralmente num canto do desenho, indicando a "escala" ou a proporção adotada, para representar as coisas. Algo assim: "Escala 1:200"; ou "1:50" etc. Significa que 1 cm do desenho dado representa, respectivamente, 200 ou 50 cm na realidade. Repare que o nosso diagrama também foi feito em escala.

Nos relatórios de trabalhos observacionais, para completar a descrição da situação física e social, é costume a inclusão de um diagrama. Trata-se de representação gráfica da situação física, que inclui seus contornos, mobiliário e objetos presentes, bem como a posição inicial do Participante e do Observador.

O diagrama facilita a visualização do que foi descrito; permite relembrar os detalhes importantes da situação, que estavam afetando o modo de agir do seu Participante, e ajudam o pesquisador a entender e explicar o que foi observado.

O diagrama também é importante para que as pessoas, que não participaram da observação, possam formar uma ideia bem completa da situação física onde tudo se passou.

Em um diagrama, os objetos não precisam ser representados com a forma real, podendo sê-lo com volumes ou símbolos, mantendo-se daqueles a sua proporção relativa. Quando possível, tudo deve ser feito em escala, que, então, será indicada.

2

DEFINIÇÃO DE EVENTOS COMPORTAMENTAIS

2.1 A IMPORTÂNCIA DE SE DEFINIR COMPORTAMENTOS

Seria bom que você se compenetrasse da importância de definições comportamentais para todos os que têm necessidade de observar comportamentos. Uma forma de fazê-lo seria fornecer-lhe uma lista de razões que justificassem essa prática. Optamos, contudo, por um procedimento mais prático e dinâmico, que dispensa argumentos teóricos: uma experiência proposta por Vance Hall (1975, p. 9), que pedia para "levantar a mão".

Peça a colaboração de dois ou três colegas, amigos ou familiares. Proponha-lhes, como brincadeira, a tarefa que vou expor, ou arranje algum motivo mais nobre.

Diga-lhes que gostaria que eles o observassem e contassem quantas vezes você vai levantar o braço, mas que não se comuniquem entre si, de modo que um não saiba a resposta do outro. Se a situação o permitir, pode-se pedir que escrevam o total em um pedaço de papel.

A seguir, colocando-se em um local de onde seus colaboradores possam avistá-lo bem, levante o braço quantas vezes quiser (talvez 2 a 3 séries, cada qual com 5 movimentos de levantar o braço). É importante que varie o modo como o faz: ora só o braço esquerdo, ora só o direito; os dois braços, às vezes juntos e outras vezes de maneira alternada; alguma vez a uma altura abaixo do ombro, outras acima dele e noutras bem acima da cabeça etc. Exercite sua criatividade.

Faça duas ou três séries de 5 demonstrações de levantar o braço, para que possa atingir os resultados esperados.

Se vai executar a experiência proposta – e seria importante que o fizesse – é conveniente que interrompa a leitura, agora, e faça o sugerido.

Finda a demonstração ou logo depois que seus ajudantes anotarem os totais, compare as respostas dadas. É muito provável que encontre coisas bem diferentes, embora todos tenham visto a mesma "exibição" de levantar o braço.

Ainda que não tenha efetuado a experiência proposta, é bom saber que quanto mais pessoas participam, tanto mais aparecem respostas diferentes. É como diz o velho ditado: "Cada cabeça, uma sentença", que no nosso caso poderia ser traduzido como: "Cada cabeça, um número"...

Qual a razão da diferença nas contagens? É que, quando não se estabelece previamente uma única definição para todos, cada qual se orienta por uma noção própria do que é "levantar o braço". Para um, só é "levantar" quando o braço excede a altura do ombro, enquanto para outro, tal exigência é dispensável. Para alguém, quando os dois braços se levantam juntos, isso configura dois comportamentos e não um só etc.

Note bem: quando não há uma combinação prévia, várias pessoas discordam entre si a respeito da ocorrência ou não, até mesmo de um comportamento tão simples, que é diretamente observável, como o é "levantar o braço". E se os comportamentos sob observação fossem mais complexos? Nesse caso, a discordância entre os seus amigos seria bem maior, pode crer. No entanto, a discordância seria eliminada se você lançasse mão de um recurso muito comum e desde há muito utilizado em ciência: o de definir previamente o objeto e/ou evento a ser observado.

➤INFORMAÇÃO COMPLEMENTAR

Tenho feito e, pelos incríveis resultados que tenho obtido, recomendo ao professor que ele mesmo, ou um aluno, com quem combine os detalhes previamente, atue como Participante, para que a classe possa fazer um Registro de Evento de "levantar o braço", sem dar a todos uma definição desse comportamento.

Também se pode pegar um vídeo da internet, por exemplo, de uma pessoa executando dança que demande levantar braços, embora seja absolutamente melhor preparar um vídeo caseiro que inclua as diferentes sugestões de "levantar o braço", dadas mais acima. E, com todos, à medida em que vão repetindo a experiência do registro de "levantar o braço", ir refinando uma definição, até que, pelos bons Índices de Concordância obtidos, se adote uma definição final.

> Sim, uma coisa é você ler e ter noção da discrepância possível entre as pessoas, quando, sem definição prévia, se pede a elas para que anotem "levantar o braço", e outra, absolutamente diferente, é você constatar a imensa variedade de respostas para o mesmo e tão simples comportamento que foi mostrado! É impactante passar por essa experiência. Recomendo, vivamente!

Definindo objetos. Vejamos um caso, agora de observação de coisas ou objetos, que permite constatar o valor da definição prévia. Um astrônomo, por exemplo, poderia ter interesse em saber o número de estrelas que é visível, numa certa região do céu, na cidade de São Paulo, em determinada noite, sem uso de instrumentos.

Sei que, só por maldade, você deve estar pensando que o nosso cientista vai ter que esperar muito. É que, devido à poluição e à grande quantidade de luzes na cidade, visão de estrela é coisa rara numa cidade grande, principalmente numa São Paulo, que é uma das principais megalópoles do mundo... Entremos num acordo e escolhamos outra cidade. Poços de Caldas/MG (olha a minha incrível cidade natal aí!) serve para a observação proposta?

Então continuemos.

Se o astrônomo pedisse a vários leigos no assunto que contassem quantas estrelas veem numa determinada região da abóbada celeste de Poços de Caldas, certamente o fracasso seria completo, pois no mínimo confundiriam estrelas e planetas. No entanto, a contagem por parte de pessoas diferentes poderia ser concordante se, antes da observação, tivessem convencionado aquilo que ensinam os astrônomos, a saber: que os astros luminosos que apresentam cintilação são *estrelas* e aqueles cuja luminosidade é fixa são *planetas*.

Eis aí, duas definições de objetos. Elas facilitam o trabalho dos astrônomos, tal como outras definições ajudam o estudo de muitos cientistas e pesquisadores.

> *O estabelecimento prévio de definições comportamentais é útil porque facilita o trabalho do observador e, por eliminar as contradições existentes nas noções que cada um tem a respeito dos mesmos comportamentos, permite haver maior concordância entre os observadores, quanto à ocorrência dos comportamentos sob observação.*

2.2 O ESTABELECIMENTO DE DEFINIÇÕES COMPORTAMENTAIS

Agora você está preparado para compreender melhor a necessidade que os psicólogos, modificadores de comportamento, pesquisadores e todos aqueles que procuram fazer ciência, têm de estabelecer definições de eventos (comportamentais ou ambientais ou produtos resultantes de comportamento). Então, baseados em Cunha (1976), vou dar-lhe alguns exemplos de definições comportamentais e fornecer-lhe maior quantidade de orientações para saber como fazer as suas definições[16] em trabalhos observacionais.

[16] O leitor interessado em obter maior quantidade de exemplos de definições de comportamento pode consultar os catálogos comportamentais estabelecidos no *Apêndice C* e por Vieira (1976) – ambos excelentes – e McGrew, dado em apêndice em Hutt e Hutt (1974).

2.2.1 Recomendações básicas

Usar linguagem científica. Antes de mais nada, deve-se recomendar que, ao se tentar estabelecer uma definição comportamental, se use uma linguagem científica, de tal forma que a própria definição se torne objetiva, clara, exata concisa e direta. Não vamos nos alongar a esse respeito, pois essas características já foram suficientemente enfatizadas no Capítulo 1.

Os exemplos que seguem são extraídos do *Apêndice C*. Note que neles as quatro características principais de uma linguagem científica estão presentes.

- **"Lamber**[17]:

[*condição antecedente*][18] Estando a extremidade da língua fora da boca, em contato com um objeto ou estrutura corporal,

[resposta] deslizá-la, produzindo:

[resultado subsequente] umedecimento desse objeto ou estrutura corporal".

- **"Rasgar***:*

[condição antecedente] Estando um objeto preso pelo menos por dois pontos (entre duas estruturas do corpo ou entre uma estrutura corporal e um suporte ou peso),

[resposta] transportar uma parte e manter a outra fixa (ou transportar uma parte em um sentido e a outra em sentido oposto), resultando:

[resultado subsequente] rompimento do objeto em dois ou mais pedaços".

(Obs.: "rasgar" se aplica a papel, pedaços de pastel, a folhas de plantas, a plásticos ou outros).

[17] Tal como você pode ver aqui, as definições comportamentais dadas neste livro que possam ser úteis em algum trabalho seu, no futuro, estão impressas com destaque: precedidas de uma bolinha, com margem maior e impressas sobre um fundo acinzentado. É para você conseguir localizá-las mais facilmente ao folhear o livro. Outras 161 são fornecidas no *Apêndice C*.

[18] Uma explicação detalhada do que se entende por "condição antecedente", "resposta" e "resultado subsequente" é dada no *Apêndice C*, item 3 - Definições estruturadas em três termos.

Ser explícita e completa. Numa definição, nada do que é importante deve ficar implícito ou subentendido, mas ser explicitado, de modo que nada lhe falte e a definição se torne completa.

Analisemos um caso, para que tais recomendações fiquem mais claras. Como "está cansado de saber" o que é o sorriso, talvez não tenha dificuldade em perceber que está incompleta a seguinte definição:

- *(a) Sorrir:* retrair os cantos da boca para os lados.

Apenas esse tipo de retração não é suficiente para que se possa dizer que alguém está sorrindo. Quer uma prova? Pegue um espelho e experimente retrair os cantos da boca para os lados. Verá ser capaz de descobrir mais de uma forma de retrair os cantos da boca para os lados, e nem por isso dirá que a coisa linda que você vê no espelho é um sorriso.

O que, portanto, está faltando à definição proposta? Se apanhou, um espelho e fez diante dele as caretas sugeridas, experimente, agora, sorrir de verdade. O que acontece de especial é o levantamento dos cantos bucais para o alto, elemento que dá à boca a curvatura peculiar do sorriso. Com isso, podemos completar a nossa definição, que passaria a ser redigida assim:

- (b) *Sorrir*: retrair os cantos da boca para os lados e para o alto.

Apesar dessa definição estar completa, pois contém os elementos essenciais do sorriso, você poderia querer "melhorá-la". Para tanto, poderia retomar o espelho e voltar a repetir a experiência, passando a sorrir várias vezes e a observar outras coisas que se dão no seu rosto. (O que a gente não faz em benefício da ciência!). Se você é do tipo sério que não se permite essas coisas, nem mesmo trancado no banheiro, longe dos amigos e parentes, outras alternativas seriam: observar os outros enquanto sorriem ou folhear revistas e examinar nelas as gravuras de pessoas sorridentes (atenção: sorri-dentes!, como explicarei a seguir).

Depois disso, estaria em condição de dizer que muitas vezes os dentes também são vistos e poderia acrescentar:

- (c) *Sorrir*: retrair os cantos da boca para os lados e para o alto, podendo haver exposição de dentes.

Uma preocupação maior em ser explícito, de modo a indicar o que, de fato, vê quando observa alguém sorrir, poderia levá-lo a não deixar subentendido a qual arcada dentária quer se referir. Nesse caso, teríamos:

- (d) *Sorrir*: retrair os cantos da boca para os lados e para o alto, podendo haver exposição de dentes da arcada superior ou de ambas as arcadas.

A primeira das definições de sorrir não está completa, e as três outras estão, tendo sido dadas em níveis de especificidade cada vez maior. Para quase todos os propósitos, a definição (b) seria suficiente. No entanto, objetivos mais específicos poderiam requerer a terceira ou a quarta definição.

Agora já podemos concluir que *uma definição comportamental torna-se explícita e completa quando inclui tudo aquilo que é indispensável para que se possa dizer que o comportamento em questão esteja ocorrendo.*

Mesmo quando completas, as definições podem ser ampliadas, como se fez em (c) e (d), de modo a incluir características não essenciais, em vista de objetivos específicos, ou do uso particular que se possa querer fazer com tais definições.

Empregar elementos pertinentes. Na definição de eventos ou categorias comportamentais só se deve incluir elementos que lhe sejam pertinentes, próprios ou peculiares. Estaríamos errando, por exemplo, se à definição (d) acrescentássemos o que ao final da definição, dada a seguir, se encontra grifado:

- (e) *Sorrir*: retrair os cantos da boca para os lados e para o alto, podendo haver exposição de dentes da arcada superior ou de ambas as arcadas, *acompanhado de levar uma das mãos à boca, ocultando-a.*

O "levar uma das mãos à boca" realmente pode ocorrer. Você já deve ter visto alguma pessoa que, ao sorrir, cobre a boca com uma das mãos, mas não é elemento que possa ser considerado como pertencente à resposta de sorrir.

Vejamos outro exemplo, a definição de "rasgar", dada mais acima. Se o que se pretende é definir de modo geral a operação de rasgar papel, não teria cabimento acrescentar à definição um particular tipo de formato de papel rasgado, que ficaria assim:

"*Rasgar:* estando um objeto etc... resultando no rompimento do objeto em dois ou mais pedaços *retangulares*."

Isso porque o rompimento em pedaços é o necessário e suficiente para que se possa dizer que o rasgar ocorreu, sendo dispensável descrever os formatos específicos dos pedaços resultantes.

A definição, dada a seguir, difere das que temos dado até aqui, por englobar vários comportamentos, todos eles pertinentes e formando um só e mesmo conjunto. (Se refere a comportamento de escolares do Ensino Fundamental).

- **Participar da aula:** escrever os exercícios e/ou olhar para a professora enquanto ela fala, ajudá-la na distribuição do material sempre que solicitado, e/ou pedir explicações e/ou executar as atividades do momento, tais como: recorte, colagem, canto etc.

(Essa definição baseia-se na que é apresentada por Nilce Pinheiro Mejias no livro: Mejias, 1973).

Dar denominação apropriada. O nome a ser dado a uma definição também requer cuidado. Em princípio, deve-se escolher a denominação que, com objetividade, propriedade e o mais prontamente possível, *indique* o que se quer definir.[19]

Por exemplo, para a definição (d), dada acima, os nomes "sorrir" ou "resposta de sorrir" seriam preferíveis, em vez de "resposta de contentamento". Isso porque, em *primeiro lugar*, falar em "contentamento" seria uma interpretação subjetiva – coisa que sabemos deve ser evitada, porque a linguagem tem que ser objetiva. Em *segundo lugar*, porque havendo muitas outras formas de

[19] Indique = evoque, informe, tenha o sentido de, remeta ao significado expresso na definição.

Deve-se, pois, ter um cuidado especial ao dar um nome para uma definição, pois o nome que lhe pusermos, quando lido ou ouvido por uma pessoa, deve levá-la, prontamente, a perceber do que se trata.

"contentamento", elas, provavelmente, deveriam ser incluídas na definição, e não o foram. E, *em terceiro lugar*, porque alguém pode sorrir não apenas por contentamento, mas por muitas outras razões. Por exemplo: para ser "cordial", para "parecer simpático", para "zombar" de alguém, por "desdém", "ironia" ou, simplesmente, para "ficar bem numa foto".

Ou seja, o nome "resposta de contentamento" é inadequado para designar o que foi definido, visto ser uma denominação que indica apenas uma das possíveis situações onde o sorrir – aquilo que efetivamente foi definido – pode ocorrer.

Analisemos outra definição do *Apêndice C*:

- "**Apontar**: estender o dedo indicador ou o polegar de uma das mãos em direção a uma pessoa ou objeto, mantendo flexionados os demais dedos desta mão."

Se em vez de "apontar", o nome fosse "estender o dedo", estaríamos errando, uma vez que não é esse o comportamento que, de fato, foi definido, já que inclui também "o polegar".

Outras possíveis denominações para a mesma categoria comportamental seriam: "indicar com dedo", "mostrar com dedo", ou "apontar com dedo".

➤INFORMAÇÃO COMPLEMENTAR

Explicação complementar sobre "denominação aproriada"[20]. Se entendeu bem a questão de dar um nome apropriado a uma definição, ótimo! Pode pular essa Informação Complementar. Mas se restou dúvida, analise a seguinte definição:

"Estando o lábio superior próximo ou encostado no lábio inferior, mover o maxilar inferior, produzindo: aumento de distância entre os lábios".

[20] Agradeço a Deisiane Corrêa, aluna da turma de pós-graduação do Lahmiei de 2023, que me fez bolar essa explicação complementar, para melhor entendimento dessa questão.

Se eu desse a essa definição o nome de *"Abertura"*, tal nome indicaria para você o que está definido?

Certamente que não, pois muitíssimas coisas poderiam ser entendidas como sendo uma "abertura", por exemplo, o lance inicial no jogo de xadrez; o ato ou efeito de retirar o invólucro ou lacre existente numa garrafa ou em outro objeto; o ato ou efeito de começar alguma coisa, tal como em uma ópera, ou em uma reunião; o buraco existente em alguma superfície; a distância entre as duas pontas de um compasso; a qualidade de uma pessoa que é sincera; etc.

E se eu desse à definição acima o nome de *"Bocão"*?

Certamente seria até possível, mas não é um nome apropriado, porque, de imediato, não passa a imagem exata do que está especificado na definição, pois existem pessoas que, mesmo estando de boca fechada, têm uma boca avantajada e, por isso, dizemos que têm um "bocão", e não é o que a definição está indicando.

Assim, a melhor denominação, aquela que, prontamente informa o que, de fato, está na definição é: *"Abrir a boca"*.

Sendo, portanto, essencial que ao dar o nome a uma definição, diferentemente de dar um nome a uma pessoa, ou animal de estimação, eu ponha um nome que imediatamente indique para o leitor, ou ouvinte, o que a definição quer significar.

Melhorou sua compreensão a respeito de "dar uma denominação apropriada?" Logo a seguir, você poderá resolver as questões propostas e ampliar seu conhecimento sobre esse assunto. "Bora lá!"

Ao definirmos comportamentos devemos usar uma linguagem científica (objetiva, clara, exata, concisa e direta); cuidando de tornar a definição explícita e completa; empregando elementos que lhe sejam pertinentes e dando-lhe um nome apropriado, que prontamente lembre o que se deseja designar.

1. Examine a definição que segue e verifique se a denominação que lhe foi dada pode ser tida como apropriada.

- **Pressão à barra**: qualquer pressionamento da barra que seja seguido de fechamento de um circuito elétrico, na Caixa de Skinner.[21]

Resposta: Sim ( ) Não ( ) Em parte ( ).

Essa é simples, não achou? A resposta à primeira questão é: *Sim.*

2. Analise o que é dado a seguir, verificando se foi cumprida a recomendação de a definição ser explícita e incluir elementos pertinentes.

- "**Interação social**: brincar, correr e conversar com colegas; sorrir para colegas e estar com colegas cerca de um metro de distância pelo menos". (Refere-se a escolares do Ensino Fundamental, durante o recreio. Adaptado de Mejias, 1973).

 a. Ser explícita:

 Sim ( ) Não ( ) Em Parte ( ).

 b. Inclusão de elementos pertinentes:

 Sim ( ) Não ( ) Em parte ( ).

Recomenda-se que dê sua resposta antes de prosseguir a leitura, caso queira ter o máximo proveito.

Quanto a essa questão, pode-se dizer: "*Em parte*". Isso porque ao menos o "brincar" e o "correr" (e, de alguma forma, o "estar com os colegas") parecem subentender que tais atividades se fazem havendo interação. Do jeito que estão, entretanto, não signi-

[21] Para os que não são da área de Psicologia, digo que se trata de um equipamento desenvolvido por Fred B. Skinner, com o qual podem ser feitos vários experimentos de condicionamento com animais (ratos, pombos e outros).

ficam, necessariamente, atividades de interação, já que qualquer criança pode "brincar" e "correr" sozinha, mesmo havendo colegas por perto, e sem dar-lhes a mínima atenção.

Em favor da definição de Mejias, poder-se-ia, e acertadamente, argumentar que, em português, é correto o uso de enumerações, ficando o complemento, por uma questão de elegância de estilo, só no último deles. Assim, o "brincar" supõe "brincar com colegas", bem como "correr" estaria sendo completado por "correr com colegas". Nesse caso, a resposta 2a seria "Sim". Mas você poderia ser redundante, para que não ficassem dúvidas e modificá-la assim: ..."brincar com colegas, correr com colegas e conversar com colegas"...

Foi proposital não incluir na pergunta se a definição estava ou não *"completa"*. Qualquer pessoa poderia argumentar que outras coisas deveriam ser incluídas para se poder caracterizar melhor uma "interação social".

Justifica-se, no entanto, o que foi feito, já que essa definição foi estabelecida exatamente para se tentar instalar no aluno tais comportamentos e não outros tipos de interação.

2b A resposta é: *"Em parte"*, em vista dos mesmos pontos indicados nos comentários que acabam de ser feitos; ou "Sim" se você levou em conta que, por elegância de estilo, brincar significa "brincar com colegas" e "correr", quer dizer "correr com colegas".

3. Examine a definição que se dá a seguir e indique se está cumprindo as quatro recomendações básicas para a criação de definições, se está usando uma linguagem científica.

- **Verbalizar***:* dizer, em vernáculo, palavra(s) ou frase(s) de sentido conhecido.
  a. Uso de linguagem científica (objetividade, clareza, exatidão e ser direta):
  Sim ( ) Não ( ) Em parte ( ).
  b. Ser explícita e completa:
  Sim ( ) Não ( ) Em parte ( ).
  c. Inclusão de elementos pertinentes:
  Sim ( ) Não ( ) Em parte ( ).
  d. Denominação que objetiva, própria e prontamente indique o que se quer definir:
  Sim ( ) Não ( ) Em parte ( ).

Se já resolveu as questões, veja as respostas. Se não respondeu, favor fazê-lo.

Respostas:

3a. Sim, usa a linguagem científica.

3b. Sim, está explícita e completa.

Observação: o significado mais comum de "verbalizar" refere-se a "dizer oralmente". Nesse sentido, a resposta é: "*Sim*". Mas, em certas áreas de Psicologia, costuma-se considerar o "escrever" como uma verbalização escrita. Nesse sentido, estaria incompleta, porque a definição deveria ser: "verbalizar: dizer ou escrever..."

Note-se, igualmente, que a limitação imposta, de a verbalização ser no idioma do país ("em vernáculo") é aceitável, para que o observador tenha condição de dizer se que o que ouve ou vê tem significado, ou se trata de sílabas sem sentido. Fossem poliglotas os observadores, o "em vernáculo" poderia ser substituído por "em língua conhecida" ou "em português", "inglês" ou "francês" etc. Nesse caso, a resposta poderia ser: *"Em parte"*.

3c. Sim, inclui elementos pertinentes.

3d. Sim, a denominação é apropriada.

4. Indique contra que norma(s) peca(m) as seguintes definições, ambas indicadas como errôneas em Cunha (1976):

- "**Deitar-se:** deixar de ficar em pé".

Peca contra a(s) norma(s)...

- "**Andar** (em humanos): mudar de posição no espaço, por meio de movimentos alternados de pernas e balanço da cabeça para os lados".

Peca contra a(s) norma(s)...

O erro mais evidente de "Deitar-se" é o estar apresentada em forma indireta (negativa): "deixar de". Poder-se-ia acrescentar, também, que está incompleta, já que aquilo que ela relaciona é insuficiente para que se entenda o que faz uma pessoa que está se deitando.

Na definição de "Andar", o erro é a inclusão de elemento não pertinente ("balanço da cabeça para os lados"), elemento que nem sempre ocorre e, mesmo que ocorra, não é essencial para se afirmar que alguém está a "andar".

Uma aplicação das ideias principais desse capítulo pode ser tentada, resolvendo-se as questões 2 a 4 do Exercício III, dado ao final do livro; a seguir, compare suas respostas com as que se encontram no Apêndice B.

2.2.2 Tipos de definição

Na sequência, mostraremos duas maneiras de se classificar as definições comportamentais. Faremos isso não com a intenção de aumentar o número das coisas inúteis que você deve conhecer e, quem sabe, vir a decorar, mas com o propósito de *servir de orientação para o estabelecimento de suas próprias definições em alguma pesquisa.* À medida que toma conhecimento dos diferentes tipos de definição, isso pode contribuir para que descubra como fazer para estabelecer suas próprias definições comportamentais, em alguma pesquisa. Bom proveito.

Definição pelo comportamento em si e/ou seus efeitos. De modo geral, quando se tenta estabelecer uma definição comportamental, acaba-se por:

1. Descrever o comportamento em si mesmo; ou

2. Os efeitos que ele produz no ambiente; ou

3. As duas coisas juntas.

No primeiro caso, costuma-se acentuar as mudanças observadas no Participante, principalmente as coordenações motoras por ele executadas, a cor ou aparência por ele assumidas etc.

No segundo caso, enquadram-se as definições que levam em conta principalmente as modificações ou efeitos que os comportamentos produzem no ambiente.

São do terceiro tipo aquelas que combinam a descrição do comportamento em si e dos efeitos que ele provoca no ambiente.

Exemplificaremos para tentar aumentar a sua compreensão. Enquadra-se no primeiro tipo a resposta de "sorrir" (definida como "retrair os cantos da boca para os lados e para o alto"), por descrever, em termos musculares, unicamente a mudança observada no próprio Participante. "Apontar" ("estender o dedo indicador ou o polegar de uma das mãos, em direção a uma pessoa ou objeto") também enfatiza as coordenações motoras executadas pelo Participante e é, pois, definição do primeiro tipo.

Uma definição comportamental que se enquadra no *segundo caso,* que descreve só os efeitos dos comportamentos, pode ser dada:

- **Encestar a bola** (no jogo de basquete): penetrar a bola pela abertura superior da cesta e sair pela abertura inferior da mesma.

Como pode ser verificado, deixou-se de identificar que partes do corpo atuam para que a bola seja lançada, que particulares movimentos são necessários e que força ou angulação são dadas pelo jogador. Só foi referido o resultado ou efeito ambiental do arremessamento ("penetrar... sair...").

As definições do *terceiro tipo* combinam os aspectos de mudanças observadas no Participante, ou operações por ele executadas, e os efeitos ambientais daí resultantes, em graus variados. Algumas enfatizam mais aqueles aspectos, outras salientam mais os efeitos. Veja as definições já citadas de "Lamber", "Rasgar" e a seguinte, todas constantes no *Apêndice C*:

- "**Enxugar**:

  [*condição antecedente*] Considerando-se um objeto ou estrutura corporal com água ou outro líquido sobre sua superfície,

  [*resposta*] atritar um pano ou papel absorvente contra o objeto ou estrutura, geralmente em movimentos circulares ou de vaivém, produzindo:

  [*resultado subsequente*] objeto ou estrutura enxutos (ou seja, com ausência de água ou outro líquido sobre a superfície").

Definições mais restritas ou mais amplas. Dependendo do comportamento que se pretende definir e, principalmente, da finalidade que se tem em mente quando se estabelece uma definição, ela será mais restrita ou mais ampla quando comparada com outras. Ser restrita, particularizada, menos abrangente se opõe a ser ampla, geral, mais abrangente, em função do *número de classes de resposta ou de comportamentos diferentes que estejam incluídos nas definições.*

Nesse sentido, a definição de "andar" é mais restrita do que a de "deslocar-se no espaço", já que "andar" se refere a um particular tipo de deslocamento espacial. "Deslocar-se no espaço" é mais ampla, pois inclui não apenas o "andar", mas também "correr", "pular", "engatinhar", "arrastar-se", "rolar o corpo" etc.

Os comportamentos citados no parágrafo anterior formam uma só classe de respostas, já que todos têm em comum o "deslocamento espacial".

Dizemos que vários comportamentos formam uma mesma *classe de resposta,* um só e mesmo conjunto ou agrupamento de respostas, quando eles têm uma ou mais características em comum.

O próprio "andar" é uma classe de respostas que inclui outras classes, por exemplo, "andar depressa" (existem muitas e variadas formas de se andar depressa), "andar devagar", "andar ereto", "andar arqueado", "andar cambaleando", "andar em ziguezague" etc.

As definições devem ser restritas ou amplas? Isso vai depender das conveniências e objetivos particulares que se tenha em mente, quando da realização de algum estudo, pesquisa ou tarefa.

> *Ao definir comportamento, podemos descrever as mudanças envolvidas no próprio comportamento ou os seus efeitos no ambiente ou as duas coisas juntas.*
>
> *Dependendo do comportamento que se vai definir e das finalidades a que servirá a definição, ela poderá ser mais restrita ou mais ampla, aquela incluindo mais classes de resposta e essa, menos.*

1. Compare as definições abaixo e indique a mais restrita, a menos abrangente.

- ***Pressão à barra:*** qualquer pressionamento da barra que seja seguido de fechamento do circuito elétrico, na Caixa de Skinner.
- ***"Comportamento de estudo:*** olhar para a professora quando esta estiver explicando a matéria; olhar para o colega quando este estiver dando a lição; escrever a lição, copiando da lousa ou do livro (executando ou corrigindo a tarefa indicada) ou escrever na lousa. Falar com a professora, pedindo esclarecimento ou respondendo a uma questão ou falar respondendo a uma questão dirigida à classe" (Refere-se a escolares do Ensino Fundamental, em sala de aula. Dada por Mejias, 1973).

A mais restrita é "Pressão à barra" ou "Comportamento de estudo"? (Sublinhe a resposta correta).

Note que as duas definições são bastante particularizadas, o que pode ser justificável, em vista dos objetivos específicos para os quais foram propostas.

Dentre as duas, a mais restrita, a menos abrangente é a *primeira* delas. Inclui uma só classe de respostas ("pressionar barra") enquanto a outra definição comporta muitas classes de respostas ("olhar professora ou colega", "escrever lição", "pedir esclarecimento" e "responder pergunta").

2. Após ler o que segue, responda utilizando um destes 3 códigos (a, b, c):

   a. As definições descrevem mais o comportamento em si mesmo;

   b. Descrevem mais os efeitos ambientais;

   c. Descrevem tanto o comportamento como seus efeitos.

- Pressão à barra: qualquer pressionamento da barra que seja seguido de fechamento do circuito elétrico, na Caixa de Skinner.

Assinale a sua resposta: (a) (b) (c).

- **Balançar o tronco:** estando a pessoa sentada, mover o tronco ritmicamente para frente e para trás ou de um lado para o outro. (Baseado em McGrew, 1972, citado em Hutt e Hutt, 1974).

Assinale a sua resposta: (a) (b) (c).

Será que você acertou? Vamos ver. A primeira resposta é (b), porquanto atém-se em descrever os resultados "barra pressionada" e "circuito fechado", que são as modificações ou efeitos ambientais produzidos pelo comportamento do Sujeito (geralmente um rato). O próprio comportamento de pressionar a barra não é descrito. Com isso, você fica sem saber, por exemplo, de que maneira a barra é pressionada, que parte do corpo a toca (poderia ser com a pata dianteira, a esquerda, as 2 patas, com a boca), que movimentos são requeridos para que o fechamento do circuito elétrico ocorra etc.

Quanto a "*balançar o tronco*", a resposta é (a), já que se descreve o movimento do tronco, que é o próprio comportamento ou mudança observada na pessoa que está agindo.

2.3 ORIENTAÇÕES PRÁTICAS PARA O ESTABELECIMENTO DE DEFINIÇÕES

De modo geral, é difícil encontrar na literatura específica detalhes técnicos ou orientações práticas que ajudem o principiante no estabelecimento de definições comportamentais. Por essa razão, vamos nos alongar um pouco, fornecendo-lhe algumas dicas, decorrentes de nossa experiência em trabalhos observacionais e das dificuldades apresentadas por alunos, em salas de aula.

1ª Dica. Lembre-se que, quando se pede que alguém estabeleça uma definição comportamental, estamos pretendendo que sua definição vá ser usada em um trabalho de observação. Isso porque qualquer coisa pode ser definida de várias maneiras e para servir a muitos propósitos.

Se quisesse definir o comportamento de "brigar", poderia fazê-lo de modo filosófico, gramatical, literário etc. Mas se necessito de uma definição de "brigar" para efetuar um trabalho de observação num grupo de delinquentes, a coisa muda de figura. Nesse caso, devo ater-me a comportamentos que possam ser observados diretamente, além de empregar termos e expressões que estejam estritamente de acordo com as normas técnicas de uma linguagem científica.

2ª Dica. É bom que perceba um certo grau de arbitrariedade que existe no estabelecimento de qualquer definição comportamental e a necessidade de se convencionar alguns critérios para se admitir que o comportamento está ocorrendo. Por exemplo, se alguém está de pé, com os braços colados ao corpo, e desloca lateralmente o braço direito a uns 30 cm de sua perna, isto pode ser tido como "levantar braço"? Qual o deslocamento mínimo ou a partir de que altura vai-se considerar que ele está levantando o braço? E se o nosso amigo erguesse os dois braços simultaneamente, seriam dois comportamentos de "levantar o braço" ou um só?

Como não existe regra objetiva, deve-se estabelecer alguma convenção ou fixar algum critério prático para se resolver a questão, tendo em vista os particulares objetivos do uso que se irá fazer com a(s) definição(ões).

Para facilitar a sua compreensão, eis um exemplo de definição de "andar" (em humanos), que tem 2 critérios indispensáveis, para que 2 ou mais observadores possam concordar em dizer quando o Participante está a "andar" ou não, ou que está a "correr".

Andar:

[condição antecedente] Estando o Participante em pé sobre uma superfície de apoio,

[resposta] executar movimentos alternados com as pernas, de modo que:

[resultado subsequente] o Participante se desloque no espaço.

Critérios

1. É requerido que o Participante pare 5 segundos, no mínimo, para se computar uma nova ocorrência.
2. Para diferenciar de "correr", ao andar, um pé deve ser colocado na superfície de apoio antes que o outro seja elevado (critério baseado em Andar, *Apêndice C*).

Assim, inclua em sua definição um ou mais critérios práticos que facilitem o trabalho dos observadores, permitindo-lhes decidir se o que veem é ou não o comportamento definido e, portanto, se constitui ou não uma nova ocorrência.

3ª Dica. Qual a *finalidade específica* de sua definição? Em que particular situação pretende utilizá-la? Dependendo da resposta, a sua definição deverá ser ampla ou restrita, mais abrangente ou menos.

Se a definição comportamental destina-se a ser usada em várias situações, deve ser mais abrangente e incluir as múltiplas formas de ocorrência do comportamento em questão. Se ela se destina a ser empregada numa situação muito particular, pode ser menos abrangente e mais específica.

Assim, se você vai definir "brigar" para observar apenas os jovens de certa instituição, a definição pode ser bastante simples e específica. Se, ao contrário, vai se prestar à observação em várias instituições, ou ainda, para observar brigas de crianças, jovens e adultos, ela deve ser mais abrangente. Por exemplo, em brigas de crianças pode ser útil incluir "cuspir", "chutar canela" e coisas assim, que, certamente não ocorrem em brigas de adultos.

Se quero uma definição de "andar" para observar humanos, a coisa será bem diferente do que seria se pretendesse observar formigas. Se desejo registrar o comportamento de "falar" que ocorre em crianças de pouca idade, até posso definir "falar" como sendo: "dizer papá, mamã, áua, dá", se essas palavras forem as únicas coisas que, provavelmente, tais crianças são capazes de dizer. No entanto, você há de concordar, essa definição não serviria para a observação do "falar" de qualquer adulto que tenha a cabeça no seu devido lugar e tenha nela mais do que dois neurônios...

Já que as definições comportamentais que estabelecemos se destinam a ser usadas em trabalhos de observação, devemos só incluir nelas aquilo que objetivamente possa ser notado.

Toda definição é, de alguma forma, arbitrária, sendo, por isso mesmo, útil a inclusão nelas de critérios ou convenções de ocorrência que permitam aos observadores decidir, com rapidez, se o que veem é ou não o que foi definido.

4ª Dica. Damos, a seguir, uma sequência de *passos* que nos parecem muito úteis para o estabelecimento de definições comportamentais.

a. A melhor coisa que se tem a fazer, quando a gente pretende definir algum comportamento, em vez de ficar imaginando como ele seria, é *observar diretamente esse comportamento* em alguém que esteja a executá-lo naturalmente ou que venha a fazê-lo a nosso pedido.

   Você acabará descobrindo que, quando se trata de estabelecer definições, até mesmo os comportamentos mais simples, inclusive aqueles que a gente exibe diariamente, necessitam ser observados diretamente para que se consiga defini-los de modo adequado. Observe *várias vezes,* portanto, o comportamento pretendido e, só depois disso, tente defini-lo.

b. *Releia* sua definição algumas vezes e tente corrigi-la ou melhorá-la. O ideal, também aqui, é *tornar a observar* diretamente o comportamento em estudo.

Quando a definição vai ser usada em trabalhos observacionais de maior responsabilidade, recomenda-se "*engavetá-la*" por uns tempos e só tornar a relê-las dias mais tarde. Nessa oportunidade ela seria examinada com toda atenção e, como quase sempre acontece, você acabaria descobrindo como melhorá-la. Esse tipo de "parada" ou interrupção é recomendada por todos aqueles que estudam o processo da criatividade, por favorecer o aparecimento de soluções mais brilhantes.

c. É bastante útil pedir a *colaboração de colegas* que leiam nossa definição e apontem suas possíveis falhas e/ou indiquem como aperfeiçoá-la. A justificativa dessa recomendação é simples: depois de lermos e relermos o que escrevemos, acabamos por ficar "vacinados" ou insensíveis a nossos possíveis erros ou imperfeições.

d. Uma das melhores provas de que determinada definição está boa é a de observadores, que trabalham independentemente um do outro, fazendo uso dela e observando a mesma situação num dado momento, chegarem aos mesmos resultados (Blurton Jones, 1971, p. 366). Por isso recomenda-se entregar a nossa definição a dois ou mais observadores, para *se testar* se registram, de maneira idêntica, as mesmas ocorrências ou não do comportamento definido.

Havendo discordâncias, é o momento de perguntar-lhes por que, em determinada ocasião, um deles assinalou que o comportamento definido estava ocorrendo e o outro não o fez. *Discutir*, pois, com os observadores e, se for o caso, refazer a definição. Muitas vezes será útil incluir nela *critérios práticos* que permitam prevenir discordâncias. Após tais alterações, *voltar a testar* a definição com os observadores.

■ ■ ■

Essas quatro recomendações visam aperfeiçoar as definições de comportamento. No entanto, por melhor que elas sejam, sempre haverá uma certa margem de discordância entre os observadores, decorrentes de erros pessoais, do aparecimento de situações novas e não previstas, da diferença de localização dos observadores, da maior ou menor capacidade e/ou treino dos observadores etc. Afinal de contas, tanto quem define, quanto quem observa, todos somos falíveis. É o que diz a canção popular: "Perfeito, só Deus. E olhe lá..."

> *Em vista da finalidade específica ou da particular situação para a qual a definição é proposta, ela deve ser mais abrangente ou menos.*
>
> *Para se definir um comportamento deve-se, primeiramente, observá-lo diretamente, sendo recomendável, dias depois, voltar a observá-lo e refazer a definição, pedindo a colegas que a leiam e apontem suas possíveis falhas.*
>
> *Aconselha-se, igualmente, recorrer à ajuda de 2 ou mais observadores que registrem o comportamento definido e com os quais se possa discutir as discordâncias que porventura ocorram.*

3

TÉCNICAS DE OBSERVAÇÃO DIRETA E REGISTRO DE COMPORTAMENTO

Existem diversas maneiras de se registrar as informações que captamos, mediante o uso de observação sistemática. Uma delas, o Registro Cursivo, já foi tratada, ao final do Cap. 1 (1.5).

Sabemos que o Registro Cursivo é uma forma de relato do que acontece com o Participante que observamos. Relato feito momento a momento, enquanto os fatos estão acontecendo, descrevendo-os na sequência em que eles se sucedem, cuidando-se de só usar uma linguagem científica.

Analisaremos, agora, *outras técnicas de registro* que, diferentemente do Registro Cursivo, *empregam não a linguagem, mas formas gráficas ou numéricas para representar os comportamentos observados.* Entre elas, são de particular interesse os registros de Evento, Duração, Intervalos, Amostragem de Tempo e outras que denominaremos *Técnicas Mistas*, por combinarem elementos das que foram citadas.

Para cada uma das técnicas que vão ser abordadas, será dado exemplo e se proporá que você se exercite nelas, fazendo, de fato, um registro em cada uma delas, usando a Folha de Registro apropriada (Protocolo), que é fornecida, em cada caso[22].

[22] Dica fundamental para o professor poder tirar o máximo proveito deste capítulo: quando dou aula sobre as técnicas de observação, costumo eu mesmo servir como Participante, exibindo um comportamento que os alunos devem anotar, após a explicação de cada uma das técnicas. Outras vezes, passo um vídeo, pego na internet, ao invés de atuar como Participante.

Sempre tomo o cuidado de, previamente, combinar com os alunos que comportamento devem anotar, que técnica utilizar, a duração da sessão de observação etc.

Recomendo que os colegas professores, que fazem uso deste livro, assim façam e só passem para a técnica seguinte após a discussão e correção de cada exercício feito.

3.1 REGISTRO DE EVENTO

Modo usual para a anotação. Indicarei duas maneiras de se efetuar um Registro de Evento: a que se emprega mais comumente (*usual*) e uma *especial*.

Eis o modo usual para se empregar a técnica de Registro de Evento: primeiramente se *escolhe* um ou mais comportamentos a serem observados. Depois, tais comportamentos são descritos ou *definidos*, consoante as normas técnicas dadas no Cap. 2.

Além das definições, costumam ser convencionados alguns *critérios* para se considerar quando o comportamento definido ocorre ou não.

A seguir, efetua-se uma *contagem de frequência* das vezes em que o(s) comportamento(s) escolhido(s) ocorre(m). Exemplo:

Folha de Registro (Protocolo)

Objetivo: praticar o Registro de Evento, anotando a frequência de um comportamento.

Situação de observação: intervalo de aula, no pátio da faculdade.

Participante: Carlos (universitário, com cerca de 20 anos).

Início: 21 h 15 **Término:** 21 h 30

Duração: 15 min

Técnica: Registro de Evento. **Data:** 16/08/2024.

Comportamento observado: Andar.

Definição: considera-se "Andar" a locomoção do Participante, realizada mediante o deslocamento alternado dos pés, no solo.

Critérios de ocorrência: (1) será requerido que o Participante pare no mínimo 5 segundos, para se considerar possível uma nova ocorrência.

(2) A menor unidade de ocorrência inclui o deslocamento de um dos pés, seguido do deslocamento do outro pé (ou seja: o Participante necessita dar pelo menos um passo para que se diga que ele "Andou").

Comportamento	Frequência	Total
Andar	□ ⌜	7

Nesse registro, verifica-se que o Participante sob observação, durante os 15 minutos de duração da sessão, andou 7 vezes.

Os critérios estabelecidos são meras convenções. Muitos poderiam preferir a utilização de outros critérios em vez desses. Sua utilidade, contudo, parece clara: duas pessoas, que observassem o mesmo Participante, disporiam de elementos objetivos para decidir quando dizer que está ocorrendo um andar mínimo (dar um passo) e quando dizer que a pessoa tornou a andar e que uma nova ocorrência deve ser registrada (bastaria que parasse, no mínimo, durante 5 segundos, como se convencionou na definição).

O uso de critérios suplementares contribui para esclarecer a própria definição e, pois, para aumentar a probabilidade de que observadores independentes concordem quando dizem que o comportamento ocorre ou, então, que não ocorre. E isso, de modo geral, é muito importante em estudos clínicos e em pesquisas científicas. No exemplo dado, o critério de parar 5 segundos permitiu que o "Andar", que pode ser tido como um comportamento contínuo, fosse transformado em unidades discretas, distintas entre si, facilitando a contagem de frequência.

Se vários comportamentos estivessem sendo observados ao mesmo tempo, todos eles seriam definidos (incluindo-se o estabelecimento de critérios para ocorrência, se fosse o caso) e se reservaria uma linha da *Folha de Registro* (Protocolo) para cada comportamento. Por exemplo:

Código	Comportamento	Frequência	Total
a	Andar	⧄ ┌	7
c	Conversar	⧄ □	9
t	Tocar em alguém	□	4
o	Ajeitar os óculos	⊓	3
r	Ajeitar a roupa	|	1

Ao término do registro teremos uma informação importante: quantas vezes os comportamentos previamente definidos ocorreram durante o tempo total em que foram observados. Mas apenas isso; veremos outras possibilidades na "maneira especial".

Maneira especial para a anotação sequencial: Um outro modo de proceder para se efetuar Registro de Evento é dada a seguir. Designe cada comportamento por um código, por exemplo as letras que são dadas no quadro acima (a, c, t, o, r). Observe o seu Participante e vá assinalando cada código, na medida e na ordem em que os comportamentos correspondentes forem ocorrendo. Finda a sessão de observação, indique, em separado, a frequência total de cada um dos códigos/comportamentos. Por exemplo, montando uma tabela como a dada na página anterior.

As duas formas de registrar (Usual ou Sequencial) são equivalentes. Diferem enquanto a última fornece mais informações: o exame de *sequências comportamentais*. Por exemplo, os dados do quadro acima, obedecendo à segunda forma de registro, poderiam ser representados assim:

a a c a **<u>c t</u>** o **<u>c t</u>** r o a o **<u>c t</u>** a c **<u>c t</u>** a c c a c

Veja, conforme já está sublinhado e em negrito nos dados, que t (Tocar Alguém), sempre (4 vezes) é precedido de c (Conversar) e nunca apareceu sozinho, embora o Participante observado tenha conversado outras 5 vezes sem tocar o interlocutor.

Pode-se enriquecer o nosso trabalho, aumentando a quantidade de informações possíveis, quer anotando os dados no modo sequencial, quer adotando o Registro de Evento Minuto a Minuto, como se explicará em Técnicas Mistas, no item 5 deste capítulo.

No modo sequencial, a nova forma de efetuar o Registro de Evento nos dará também a informação de como os comportamentos se sequenciam ou se encadeiam. No último caso, saberemos também de que forma os comportamentos se distribuem, minuto a minuto, ao longo de todo o tempo de observação. O que você conhecerá no item 5.

3.2 REGISTRO DE DURAÇÃO

Tal como no Registro de Evento e nas demais técnicas que serão analisadas a seguir, o Registro de Duração requer, inicialmente, a *definição* dos comportamentos a serem observados e, muitas vezes, a indicação de *critérios* de ocorrência. Depois, observa-se e *anota-se a duração* dos comportamentos. Para isso, um cronômetro é preferível a um relógio comum[23]. Para exemplificar, utilizemos a categoria comportamental definida anteriormente: "Andar".

Comportamento	Duração (segundos)	Total
Andar	10 – 33 – 16 – 14	73 seg

Verifica-se que o Participante andou 73 segundos, ou seja, 1 minuto e 13 segundos, durante o tempo em que esteve sob observação. A maneira como o tempo foi marcado, dando-se a duração de cada ocorrência, permite que se saiba também o número total de ocorrências. Nesse exemplo, houve 4 ocorrências. O Participan-

[23] Se você só dispõe de um relógio convencional, em vez de cronômetro ou de um bom celular com a ferramenta para cronometrar, uma forma de indicar a duração de cada ocorrência seria anotar, na sua Folha de Registro, o início e o fim do tempo mostrado no relógio.

Assim, as quatro ocorrências de "Andar", do exemplo dado, poderiam ser indicadas desta forma: 10 a 20; 27 a 60; 5 a 21; 30 a 44. A saber: na primeira vez que "Andou", o Participante o fez do 10º ao 20º segundo, ou seja: 10 segundos. E assim por diante.

Se o seu relógio não dispuser de ponteiro de segundos, nada feito... Como se vê, às vezes um caro e belo Rolex não serve para "nada"!...

Em compensação, existem cronômetros e celulares que permitem medir a duração, em separado, de mais de um evento simultaneamente.

te, portanto, andou 4 vezes e o fez durante 1 min e 13 seg e o registro utilizado tornou-se uma mistura de Registro de Evento e de Duração.

Se o único aspecto que se pretende medir é a duração, um jeito mais simples pode ser adotado, para se proceder ao registro. Nesse caso é indispensável o uso de um cronômetro, dotado de um ou mais mostradores cumulativos. Bastaria disparar o cronômetro no início de uma ocorrência, interrompê-lo ao final da mesma e dispará-lo no início de outra ocorrência. E assim por diante. Nesse caso, o mostrador cumulativo indicaria, apenas, o total de todas as ocorrências. No exemplo anterior, o único dado disponível seria: "Andar" = 73 segundos.

Experimente realizar um registro de duração. Providencie lápis ou caneta, uma folha preparada como se indica logo a seguir e um cronômetro ou relógio convencional. Escolha um Participante e, discretamente, vá anotando a duração de algum comportamento escolhido e definido previamente. Para a indicação de tempo, adote uma das três maneiras sugeridas. Antes de começar, preencha o cabeçalho do seu Protocolo.

Folha de Registro (Protocolo)

Objetivo: anotar a duração de um comportamento do Participante, numa dada situação.

Situação de observação:..

Diagrama: se estiver entusiasmado(a), prepare um esboço da situação física na qual estava o Participante, durante o tempo que você o observou. (Veja instruções no Cap. 1, item 1.7)

Participante (se souber, indique o primeiro nome do Participante ou suas iniciais[24] e dê as características principais dele, como: sexo, idade, escolaridade etc):

Início da observação:..........................**Término:**.........................

Duração total:....................................... **Data:**__./__/___

Técnica de observação:...

Comportamento observado:..

Definição do comportamento:...

....

....

Critério(s)de ocorrência [(caso seja(m) necessários)]:..........

....

....

Duração (segundos)	Total

[24] Por razões éticas, não se indica o nome completo do Participante, apenas o primeiro deles ou as inicias do nome. É para evitar que o Participante seja identificado por pessoa não autorizada que possa ter tido acesso ao Protocolo.

É para se evitar que o Participante seja identificado por pessoa não autorizada, que possa ter tido acesso ao Protocolo.

3.3 REGISTRO A INTERVALOS

Para efetuar um Registro a Intervalos, deve-se usar uma folha quadriculada ou uma folha comum dividida em caselas. Por exemplo, como se vê no final dessa página. As caselas indicarão os intervalos de tempo, de duração igual, que você escolheu para dividir o tempo de observação. A escolha da duração de cada intervalo é arbitrária. Intervalos de 5 a 30 segundos são muito usados, sendo mais comuns os de 10 ou 15 segundos. Mas intervalos mais longos, por exemplo de 60 seg ou mais, poderiam ser usados, em certos casos.

Em cada casela, anota-se se o comportamento ocorre ou não. Note-se que estamos falando de "ocorrência" (o comportamento ocorreu na casela) e "não-ocorrência" (o comportamento não ocorreu na casela) em vez de frequência absoluta (o comportamento ocorreu tantas vezes numa mesma casela).

Exemplifiquemos, reproduzindo parte de uma Folha de Registro de observação. O comportamento registrado poderia ter sido o "Andar" (definido anteriormente), e o tempo de observação poderia ter sido 2 minutos, adotando-se intervalos de 10 segundos de duração em cada casela. A "ocorrência" está indicada com um "X" (mas poderia ser com o número 1) e a "não-ocorrência" com um "–" (poderia ser com o número "0"). Usar "X" e "–" ou "1" e "0" ou outro sistema é uma questão de preferência pessoal. Uma vez escolhido, deve ser sempre o mesmo.

Legenda: x = ocorrência – = não ocorrência

Minuto	Intervalos (em segundos)					
	0 a 10	11 a 20	21 a 30	31 a 40	41 a 50	51 a 60
1	X	X	—	—	X	—
2	—	—	—	X	—	X

Examinando-se o registro efetuado, constata-se que o nosso hipotético Participante andou 5 vezes em 2 minutos, 3 das quais no primeiro minuto. Note-se, novamente, que a indicação aqui é de "ocorrência" e não de "frequência absoluta". Dessa forma, por exemplo, entre o 11º e o 20º segundos (segunda casela), se o Participante tivesse andado e parado (conforme o critério estabelecido de 5 segundos, no mínimo) e voltasse a andar, não se indicaria XX (ou 2 vezes), mas apenas *uma* ocorrência, como de fato se anotou, pois em cada casela se marca apenas que o comportamento existe (X ou 1) ou não existe (– ou 0). *É zero ou um; presença ou ausência do comportamento, e não quantas vezes (frequência) ocorreu*, o que só se faz no Registro de Evento.

Você poderia se perguntar se não seria mais prático anotar apenas as "não-ocorrências", deixando em branco as respectivas caselas. Respondo que não, pois esse sistema pode provocar erros de anotação.

Explico: na correria para anotar e voltar a olhar o Participante, se determinada casela estava em branco, o observador, por distração, pode anotar aí o que ele deveria indicar na casela seguinte. No entanto, se a casela estiver ocupada com o sinal "–", ele nunca errará, pois procurará a casela correta, que estará em branco.

Assim sendo, *nunca deixe em branco casela que deva mostrar uma "não-ocorrência", marque "–" ou "0".*

No Registro a Intervalos, o observador olha para o Participante durante *todo o tempo*, só desviando o olhar nos momentos de indicar as "ocorrências" ou as "não-ocorrências", cuidando com atenção dos limites temporais dos intervalos.

Em certas situações, é possível a utilização de um gravador que, ao final de cada intervalo, transmita um ruído característico registrado previamente e, assim, indique ao observador quando termina cada intervalo[25].

Repito que é recomendável que as "não-ocorrências" *sejam indicadas explicitamente* com um sinal qualquer, por exemplo, o traço horizontal (–) que se usou no registro acima ou o número zero (0). Quando não se adota um sinal explícito, deixando-se a casela em branco, há o perigo de a gente ou pular alguma casela ou anotar uma ocorrência em casela errada. Não corra esse risco, pois prejudicaria o seu trabalho.

[25] O uso de gravador pequeno, ou do existente em um celular, permite ocultá-lo com facilidade nas situações de observação. Nesse caso, um reduzido fone de ouvido conectado ao aparelho permitiria que só o observador ouvisse os sinais indicativos do término dos intervalos, mas nunca o Participante, que está sob observação

Dica: se vai programar um áudio para indicar, com precisão, cada casela, é bom que, ao final de cada minuto, você indique isso. Algo como 2º, 3º etc ou 2, 3 etc, sinalizando quando você está começando o minuto seguinte.

Vamos fazer um Registro a Intervalos? Apanhe caneta (ou lápis) e papel quadriculado (ou faça caselas em papel comum, ou utilize o espaço já preparado, na Folha de Registro deste exercício). Escolha o comportamento a ser observado e defina-o.

Escolha a duração dos intervalos a adotar (por exemplo: 15 segundos), indicando-os acima das caselas. É bom numerar o começo de cada linha, para indicar os minutos, como está na Folha de Registro deste exercício.

Escolha a "vítima" a ser observada. Olhe para ela e a cada 15 segundos faça uma marca em seu registro: ou "X" ou "1" (ocorrência) ou "–" ou "0" (não-ocorrência). "Olho vivo" no seu relógio ou, então, peça a alguém que a cada 15 seg avise-o do término de cada intervalo. Como se trata de um treino, basta que a duração total seja de 2 a 4 minutos. Comece.

[26] Nas Folhas de Registro II e III, respectivamente, dos Exercícios IV e VI, dados no Apêndice A, você encontrará informações adicionais para o preenchimento da Folha de Registro do presente exercício, de modo a torná-la mais do que uma folha de registro convencional, uma espécie de *esboço de relatório* da sessão de observação.

Em uma pesquisa científica, o Protocolo (Folha de Registro) de cada Participante deve ser sintético, praticamente informando só os seguintes dados: *Participante* (iniciais), *Data, Início e Término da sessão*. Os outros dados, incluídos na Folha de Registro desse exercício (e dos demais) são essenciais e todos eles, de forma detalhada, devem ser fornecidos, mas não nas próprias Folhas de Registro, *mas inseridos nas várias seções que são obrigatórias nos relatórios científicos.*

Querendo saber já quais são essas seções, e o que elas demandam, consulte o Cap. 6, item 6.2, desse livro.

Folha de Registro[26]

Objetivo: praticar o Registro a Intervalos, anotando um comportamento de um Participante.

Situação de observação (onde se encontra o Participante e o que ele faz):..

....

Diagrama (opcional) (Veja como no Cap. 1, item 1.7):..........

....

Participante (só o primeiro nome ou as iniciais do nome dele e as características principais dele):...............................

....

Técnica de observação: Registro a Intervalos

Início: ....**Término:**....... **Duração total:**....... **Data**....../...../......

Comportamento observado:...

Definição:..

....

....

Critério(s) de ocorrência(s) [(caso seja(m) necessários)]:.............

....

....

....

Minutos	Intervalos (segundos)			
	0-15	16-30	31-45	46-60
1				
2				
3				

3.4 REGISTRO POR AMOSTRAGEM DE TEMPO

O Registro por Amostragem de Tempo é bem semelhante ao Registro a Intervalos. Em ambos, podem ser iguais os sinais usados para marcar as ocorrências ("x" ou "1") e as não-ocorrências ("-" ou "0") e a duração dos intervalos a ser adotada.

Diferem enquanto, no Registro por Amostragem, o observador em vez de observar o Participante durante o tempo todo de cada intervalo, só o faz ao *final* dele. Por exemplo, em vez de ficar olhando o Participante desde 0 até 15 segundos, deve fazê-lo somente ao final do intervalo, *exatamente no 15º segundo*[27].

No tempo restante, o observador faz o que bem entende, menos olhar o Participante. (Não vale verificar mensagens no celular ou começar um joguinho nele, para não se distrair...). Se os intervalos adotados forem de 15 em 15 segundos, você olhará só no 15º, no 30º, no 45º, e assim por diante.

No Registro a Intervalos o observador tem que olhar o Participante o *tempo todo* de cada intervalo. No por Amostragem, se recomenda que ele permaneça com o olhar desviado do Participante e só olhe para ele no *final de cada intervalo*, para que, na hora de fazer o registro, a memória do comportamento visto não o traia, não o confunda, e ele se equivoque, registrando como ocorrência, o que *nem deveria* ter visto.

A grande vantagem do Registro por Amostragem é liberar o observador para outras atividades, fora dos momentos em que deve observar e registrar. Assim, enquanto dá aulas, um professor pode – por exemplo

[27] Insistimos que só olhe o Participante ao final do intervalo e fique com o olhar desviado dele o restante do tempo, até o final do intervalo. Ora, se ficar a observar o Participante o tempo todo, e o comportamento escolhido ocorrer no início do período, tal comportamento **não** deverá ser registrado, no entanto, se estava olhando o Participante o tempo inteiro, sua memória poderá trai-lo e você vir a registrar o que não deveria.

a cada 10 minutos – olhar para o(s) aluno(s) visado(s), verificar se está(ão) apresentando ou não o(s) comportamento(s) de seu interesse e fazer o registro competente. Dessa maneira ele ministra sua aula quase que sem interrupção.

Embora a escolha da duração do intervalo seja razoavelmente arbitrária, recomenda-se adotar duração mais curta para os comportamentos que, normalmente, tenham alta frequência e mais longa para os que apresentem frequência mais baixa[28] (Bijou; Peterson; Ault, 1968).

Dou exemplo para esclarecer melhor. Um jacaré é capaz de ficar horas ao sol, sem ao menos se mexer. No entanto, uma garota charmosa, quando toma banho de sol numa praia, faz milhões de coisas. Assim, se tiver que registrar o comportamento de cada um deles, você precisa adotar intervalos longos para o jacaré "para não perder seu tempo" e curtos para a garota, para garantir que registrará as principais coisas que ela fará.

Outra vantagem do Registro por Amostragem: permitir ao observador ser discreto diante de seu Participante, já que apenas de vez em quando precisa olhar para ele. Imagine-se namorando alguém num jardim público. Se um observador estiver empregando a técnica de Registro por Amostragem para verificar o que você faz, será mais dificilmente notado por você do que se empregasse a técnica de Registro Cursivo ou Registro a Intervalos. Concorda? (Sei que concorda, mas tenho a certeza que enquanto namora você não quer nenhum observador bisbilhotando vocês!).

[28] A razão é simples. Como em cada intervalo se registra apenas uma ocorrência, a quantidade de ocorrências, num certo período de tempo, é determinada pela duração dos intervalos adotados. A saber: se forem usados intervalos de 30 segundos, em 1 minuto só serão possíveis 2 ocorrências; mas se forem de 5 segundos, no mesmo período de 1 minuto poderão ser anotadas 12 ocorrências.

Desta forma, para que haja uma boa correspondência entre a quantidade real de ocorrências e aquela que é registrada pelo observador, deve-se adotar intervalos curtos para comportamentos cuja frequência é alta e intervalos longos para os de frequência baixa.

Experimente efetuar um registro observacional por Amostragem de Tempo. Proceda como se explicou logo acima. Em vez de olhar o Participante durante o tempo todo, faça-o somente ao final de cada intervalo.

Folha de Registro

Objetivo: praticar o Registro a Intervalos, anotando um comportamento de um Participante.

Situação de observação (onde se encontra o Participante e o que ele faz):...

....

Diagrama (opcional) (Veja como no Cap. 1, item 1.7):...........

....

Participante (só o primeiro nome ou as iniciais de seu nome e as características principais dele):..............................

....

Técnica de observação: Registro a Intervalos

Início:......... Término:......... Duração total:......... Data....../...../......

Comportamento observado:...

Definição:..

Critério(s) de ocorrência(s) [caso seja(m) necessário(s)]:.............

....

Minuto	Intervalos (em segundos)			
	15	30	45	60
1				
2				
3				
4				
5				

3.5 TÉCNICAS MISTAS

As cinco técnicas que acabamos de descrever são fundamentais. Costuma-se, no entanto, combiná-las entre si ou com outros elementos, de forma a se obter mais tipos, que chamaremos de "Técnicas Mistas". Veremos três delas.

3.5.1 Registro Cursivo minuto a minuto

Uma das Técnicas Mistas é o Registro Cursivo, quando dividido em períodos de tempo regulares. Assim, o observador anota de maneira cursiva todos os eventos que presencia, sem que os tenha definido previamente, só que o faz dividindo o tempo em intervalos regulares, por exemplo, de 1 minuto. Nesse caso, as anotações ficariam dispostas desta maneira:

Registro Cursivo Minuto a Minuto

Minuto	Sequência dos comportamentos
1	P (o Participante) escreve. Para de escrever e pergunta quantas horas são. Carlos diz: "São 3 horas". P escreve. Desenha uma flor.
2	P escreve. Para de escrever. Põe o lápis na boca. Coça a cabeça com as unhas da mão direita.

3.5.2 Registro de Evento por minuto ou fração de minuto

Outra técnica mista bastante utilizada em Psicologia, comum em exercícios de laboratório, combina o Registro de Evento com uma divisão do tempo em intervalos fixos de 1 minuto, ou fração dele, por exemplo: 30, 20, 15 ou 10 segundos. O emprego de 10 seg é recomendado quando o comportamento costuma ocorrer com uma frequência relativamente alta.

Registro de Evento Minuto a Minuto[29]

Minuto	Frequência	Total	Total acumulado
1	seguidas no restante deste livro. |||| |||| ||	12	12
2	|||	3	15

Registro de Evento de 15 em 15 segundos

min	Intervalos (em segundos)					
	0-15	16-30	31-45	46-60	Total	Total acumulado
1	⧄	⧄	⊓	|	14	14
2	⧄	⧄	⧄┌	—	17	31

A vantagem do Registro de Evento por Minuto (ou fração dele) sobre o simples Registro de Evento é clara: no de simples Evento, só dispomos do total de vezes que os comportamentos ocorreram, enquanto que, no de Evento por Minuto, dispomos da preciosa informação de que maneira os comportamentos se distribuíram ao longo de todo o tempo de observação.

Repare que nos dois registros dados acima, em cada um deles se utilizou uma forma diferente para se indicar os eventos. Veja que, neles, 7 eventos foram representados por 卌 || ou ⧄┌. Escolha o sistema que achar melhor ou invente outro, mas uma vez que optou por um deles, use unicamente o que foi escolhido.

3.5.3 Lista para assinalar

Uma outra técnica mista para registro de observação, bastante útil, é a denominada Lista para Assinalar, também conhecida pela expressão inglesa *Check List,* que designa um rol, lista ou planilha de itens a serem checados.

[29] Repare que na casela 46-60 do segundo minuto, temos um traço horizontal (—), que representa uma "não-ocorrência". Se fosse uma "ocorrência", esse traço deveria ser vertical (|), como se vê acima dele, no primeiro minuto.

Muitos de nós (bem, só os mais organizados) já fomos às compras com uma listinha, feita em casa, das coisas que precisávamos trazer e, à medida que fomos pegando os itens previstos, também fomos ticando seus nomes na listagem.

Finda as compras, aquelas coisas não ticadas (ou marcadas com um "não" ou outro sinal), no rol das compras, indicam que não foram achadas, precisando que passemos em outra loja ou deixemos para outra ocasião.

Pois bem, como técnica de registro, a nossa Lista para Assinalar é exatamente isto: uma folha com 2 colunas. Na da esquerda temos uma listagem de comportamentos, previamente definidos, que, à medida que forem exibidos, ou não, pelo nosso Participante, numa dada sessão de observação, iremos ticando como "ocorrência" (x, ou Sim) ou "não-ocorrência" (– ou Não), na coluna da direita.

Na página seguinte, apresentamos um exemplo de uma Lista para Assinalar (LA) que eu usava numa entrevista e dinâmica, com candidatos a vendedores, em uma rede nacional de lojas de tênis, da qual fui consultor. Se prestava à avaliação de vários itens, dos quais mostro 4 deles, julgados importantes para um bom desempenho dos vendedores com os futuros compradores, nas lojas de varejo da rede.

Estando a sós com os entrevistadores, cada candidato devia responder, oralmente, a um conjunto de perguntas e simular um atendimento a um comprador, enquanto os avaliadores indicavam na LA se ele apresentava "sim" (x) ou "não" (–) em cada um dos itens que definiam o vasto conjunto das características escolhidas. Em função do que, ao final da entrevista e dinâmica, o candidato era dispensado ou aceito para se submeter ao treinamento específico, para se tornar um bom vendedor das lojas de varejo da empresa.

Centenas de proveitosos exemplos de LA podem ser vistos no livro ABA: Ensino da fala para pessoas com autismo – 2ª Reimpressão (Goyos, 2024), cuja resenha e entrevista com Martha Hübner (sobre a resenha) podem ser acessadas pelos QR Codes.

Candidato a vendedor..	X ou —
1 Desinibição	
Falar por iniciativa própria	
Topar os desafios propostos	
Aceitar o risco de parecer ridículo (numa situação proposta)	
2 Comunicação	
Voz com volume alto, clara e articulada	
Objetividade e conteúdo na fala	
Expressões faciais adequadas	
3 Persuasão	
Argumentação convincente	
Persistência	
Mostrar pontos positivos do produto	
4 Simpatia	
Atencioso(a) e educado(a)	
Sorridente enquanto fala e/ou ouve	
Deixar-nos à vontade	

Para a observação direta e registro de comportamento, podemos usar as técnicas de Registro Cursivo, de Evento, de Duração, a Intervalos e por Amostragem de Tempo, ou então, as Técnicas Mistas, que combinam algumas dessas.

O Registro Cursivo é uma narração dos fatos observados, usando-se para isso a linguagem. As demais técnicas quantificam os fatos observados, fazendo uso de sinais gráficos ou numéricos.

O Registro Cursivo dispensa a definição prévia dos comportamentos a serem observados e permite a observação de muitos conjuntos ou classes de respostas. As demais técnicas requerem definição prévia e se prestam à observação de um número menor de conjuntos ou classes de respostas.

3.6 A escolha da técnica apropriada

Vimos existirem várias técnicas para observação direta e registro de comportamento. A escolha de qual delas deve ser usada depende de alguns fatores. Entre eles, os *objetivos* específicos a serem atingidos com os dados resultantes dos registros.

Assim, se quero saber o número de vezes que alguém repete determinada palavra, um Registro de Evento se mostraria adequado. Por outro lado, se o meu interesse é verificar se a mesma pessoa repete a palavra mais vezes no início de uma conversa – ou seja: de que forma o referido comportamento se distribui ao longo tempo – talvez o Registro a Intervalos seja mais apropriado.

Outro fator que pode nos ajudar na escolha da técnica a usar é a *natureza do próprio comportamento* a ser estudado. Por exemplo, os comportamentos divisíveis em *unida-*

des discretas permitem a utilização de qualquer das técnicas apontadas, enquanto os que se apresentam como *contínuos* não se prestam para o Registro de Evento e podem requerer um Registro de Duração.

— Já sei, não precisa reclamar! Darei exemplos, para que você entenda o que acabo de lhe passar.

Falar pode ser tido como um comportamento contínuo porque, uma vez que ocorra, é complexo para se dizer quando uma nova ocorrência deve ser admitida, contada. Por isso não seria significativo dizer-se que alguém falou 3 vezes, e que outra pessoa falou 12 vezes (Registro de Eventos), dado que a primeira pessoa pode ter falado durante meia hora, enquanto que a segunda pode ter falado poucos minutos, embora mais vezes. Nesse caso, recomenda-se que se adote o Registro de Duração.

A *natureza da situação de observação* também pode influir na escolha da técnica de registro. Durante uma aula expositiva o próprio professor, enquanto leciona, pode usar a técnica de Amostragem, para registrar alguns comportamentos de certos alunos, mas não a Cursiva.

Outros fatores, ainda, contribuem para a escolha da técnica de observação e registro. Por exemplo, *preferência pessoal* do modificador de comportamento ou pesquisador, *maior prática ou competência em dada técnica* etc.

A escolha da melhor técnica depende, entre outros fatores, dos objetivos da observação, da natureza do comportamento em estudo, da situação em que ele ocorre, da preferência pessoal do pesquisador, sua maior prática etc.

3.7 Registro de produtos de comportamento

Algumas vezes pode ser útil, ou mesmo necessário, que a observação direta seja a de algum produto permanente, que decorreu de certo comportamento, em vez de se observar o próprio comportamento que o fez surgir, mesmo porque, muitas vezes, a observação direta de certos comportamentos é impraticável.

Assim, numa aula de matemática, se o professor quiser verificar o desempenho dos alunos em fazer contas (operações matemáticas) seria difícil ficar checando, no ato, como e quantas contas cada criança conseguiu fazer. Mas seria prático, findo o tempo dado para a tarefa, recolher as folhas dadas para o exercício e, simplesmente, verificar a quantidade de contas que cada uma delas fez, além de conferir o acerto das operações solicitadas.

Operações matemáticas, escrita, desenho, escultura, pintura ou coisas resultantes, por exemplo, do trabalho de alguém, ou mesmo da atividade de algum animal, como fazer ninho e botar ovo, são exemplos de produtos permanentes.

São ditos "produtos" por serem o resultado de alguma atividade perceptível no ambiente, decorrente de um comportamento observável que tenha sido realizado, por uma pessoa ou animal e "permanentes" devido ao seu caráter relativamente duradouro.

Falamos em "produto" quando o resultado de um comportamento observável é algo que decorreu, diretamente, de tal comportamento, e é coisa palpável, que pode ser ajuntada e contada. No entanto, outros produtos de comportamento não são permanentes, pois não podem ser ajuntados e nem contados. É o caso da fumaça de quem está a fumar, o berro da vaca ou o grito de uma criança, que não perduram, desaparecendo rapidamente, após a sua ocorrência.

Uma contagem de frequência, tal como se faz no Registro de Evento, é adequada para se anotar produtos permanentes. Assim, pode-se constatar quantas palavras alguém escreveu, quantas blusas fez a costureira, quantas mudas plantou o agricultor ou quantos quadros o artista pintou, porque tais produtos continuam existindo após a sua ocorrência.

Se pedi para meu filho lavar em casa a roupa suja da semana, não teria sentido ficar ao lado dele acompanhando o que ele faz, para poder me certificar se fui atendido. Mas seria simples, ao fim do dia, contar quantas peças de roupa ele lavou (se é que, não é?!...). Nesse caso, o lavar roupa, que é o comportamento de interesse da mãe ou pai, pode ser constatado pelo produto permanente que decorreu dele, as peças lavadas.

Se quero saber qual de duas galinhas é melhor poedeira, é impraticável tentar observar quem mais bota, mas é elementar deixar cada uma em local diferente e, após alguns dias, contar quantos ovos cada uma botou.

Nesses dois casos, dada a dificuldade de se observar os comportamentos de interesse, se pode fazer como no Registro de Evento, contando-se não a frequência dos comportamentos apresentados, mas a dos produtos permanentes que resultaram dos dois comportamentos citados (peças de roupa lavadas e ovos no ninho).

Assinale, na relação abaixo, os itens que se referem a produtos permanentes de comportamento humano ou animal.

1 – Folhas copiadas na impressora.	
2 – Copiar folhas na impressora..	
3 – Alhos descascados.	
4 – Pássaros construírem ninhos.	
5 – Colocar ladrilhos.	
6 – Pescar peixe.	
7 – Questionários respondidos.	
8 – Colar selos em cartas.	
9 – Desenhos.	
10 – Responder a questionários.	
11 – Tricotar meias.	
12 – Selos colocados em cartas.	
13 – Desenhar.	
14 – Peixes pescados.	
15 – Ninhos construídos por pássaros.	
16 – Descascar alho.	
17 – Ladrilhos colocados.	
18 – Meias tricotadas.	

Se quer dominar esse assunto, responda antes de verificar as respostas dadas a seguir.

São produtos de comportamento os itens 1 – 3 – 7 – 9 – 12 – 14 – 15 – 17 e 18.

Acertou? Se sim, parabéns! Se acertou poucos e quiser ficar bom nisso, seria útil reler o item 3.7. [30]

Outras formas de produtos permanentes, por vezes de grande interesse do psicólogo, modificador de comportamento ou pesquisador, são as excreções fecais (fezes) ou urinárias (urina) e secreções glandulares (por exemplo: saliva).

[30] Mas, se mesmo relendo o item 3.7 ainda restar dúvida, me passe um *e-mail* (profjayro@profjayro.com.br) e me exponha sua dúvida. Pode ser também a dificuldade de mais pessoas.

Por exemplo, o item 3.7 foi reescrito para essa edição, por conta de *e-mail* que o Ricardo Borges de Araujo, que foi meu aluno, me mandou em 2019. A ele meu agradecimento.

Dessa maneira, poderia ser necessário saber-se quantas vezes, numa semana, uma criança de 6 anos urinou na cama, enquanto dormia – o que é impossível de ser constatado por observação direta do comportamento, pois ninguém vai passar acordado a semana toda. Mas se torna fácil verificar, examinando-se diariamente se o lençol está molhado (lençol molhado = produto permanente do comportamento); ou qual a quantidade de bolos fecais (pelotinhas de coco) excretados por um camundongo, submetido a uma situação estressante de punição com choques; ou então qual o número de gotas salivares produzidas por um cão, em um experimento de condicionamento do tipo pavloviano ou respondente.

> *Além da observação direta do próprio comportamento, pode ser útil a contagem de frequência de produtos permanentes decorrentes de comportamento.*

3.8 INDICAÇÃO DE CIRCUNSTÂNCIAS DO COMPORTAMENTO

A indicação das circunstâncias, relevantes à ocorrência dos comportamentos sob observação, é uma prática que se tem mostrado frutífera em trabalhos observacionais. Assim, qualquer que seja a técnica escolhida para se proceder aos registros, se anota *as circunstâncias que pareceram importantes* para a ocorrência do comportamento.

Por exemplo, se estamos preocupados com a baixa produção de uma seção de determinada indústria, não seria suficiente o registro de quem trabalha e quanto tempo o faz. A indicação de certas circunstâncias, de quando há mais trabalho e quando há menos trabalho, talvez nos levasse a concluir que os operários trabalham mais quando Fulano é seu supervisor e o fazem menos quando Beltrano desempenha tal função. Isso nos levaria a supor que esse último está sendo o fator principal da quebra de produção.

Já existe na literatura específica todo um elaborado sistema que permite analisar comportamentos, de forma a identificar adequadamente os eventos antecedentes e consequentes e, assim, poder-se detectar com certa precisão as possíveis relações de causa e efeito. Dado o caráter introdutório do presente livro, remetemos o interessado às fontes apropriadas, por exemplo, Danna e Matos (2015, Cap. 8, p. 83-96).

A indicação das circunstâncias, que pareçam relevantes para a ocorrência de certos comportamentos, fornece indicações que contribuem para o estabelecimento de relações causais, possibilitando melhor compreensão dos comportamentos sob estudo.

4

CÁLCULO DE CONCORDÂNCIA ENTRE OBSERVADORES

Quando se quer ter maior certeza a respeito dos dados de observação, costuma-se empregar duas ou mais pessoas para que registrem os comportamentos de um mesmo Participante ou animal, se fosse o caso. Observam os mesmos fatos, na mesma hora, mas trabalham independentemente, sem que uma pessoa examine o que a outra anotou. Dessa forma, posteriormente, os seus registros podem ser comparados, a fim de se verificar em que medida há concordância entre os observadores e até que ponto se pode confiar nas informações que registraram. Tal comparação pode ser quantificada fazendo-se uso do "Índice de Concordância" que, como se verá mais adiante, apresenta outras vantagens.

O Índice de Concordância, também conhecido como "Índice de Fidedignidade"[31], pode ser calculado para um ou vários comportamentos e, nesse último caso, para cada um deles em separado ou para o conjunto deles. Pode, ainda, ser calculado para se comparar os registros de dois observadores entre si ou, quando se usam inúme-

[31] É comum reservar-se as expressões Cálculo de Fidegnidade ou Índice de Fidedignidade para as ocasiões em que as observações foram feitas por um mesmo observador, quanto aos mesmos comportamentos e situações, mas analisados em momentos diferentes.

Isso só é possível se os comportamentos de interesse foram *gravados* ou *filmados* e o observador analisar os sons e/ou as imagens em *2 momentos diferentes,* geralmente com um adequado intervalo entre eles, talvez 1 mês, para que a memória recente não interfira nos resultados.

Claro, porque se as 2 sessões forem feitas com um curto intervalo entre elas, o observador, ao analisar pela segunda vez, se lembrará do que anotou na primeira, o que inviesará os resultados.

ros observadores na mesma situação, para se comparar cada observador com os demais, nesse caso, isso só é possível fazendo-se a comparação deles aos pares.

Está bem, não é preciso me xingar ou minha santa mãezinha! Vamos facilitar o seu trabalho, tratando cada uma dessas coisas em separado!

■■■

Sei bem que, quando virem os exercícios desse capítulo que demandam a feitura de cálculos, alguns hão de dizer:

— Professor, eu não cursei exatas porque não queria mexer com contas!

Principalmente para esses, dou uma informação importante, para que se animem e tentem aprender. Algumas revistas científicas de prestígio, nacionais e internacionais, principalmente na área de psicologia, por suas normas, ou por exigência dos seus editores ou dos revisores, *só aceitam publicar pesquisas que tenham dados de observação comportamental, se eles foram submetidos aos Cálculos de Concordância* e, claro, *se os resultados deles foram bons*. Então, se pensa em vir a publicar seu TCC ou um outro trabalho, que tenha dados de observação comportamental, estude e pratique o que lhe é mostrado neste capítulo[32].

4.1 CONCORDÂNCIA QUANDO SE TRATA DE UM COMPORTAMENTO E DOIS OBSERVADORES

Abordaremos, primeiramente, os cálculos de concordância quando se trata de um só comportamento e dois observadores, analisando como isso pode ser feito com as *diferentes técnicas* de observação e registro (4.1 e 4.2).

[32] Por exemplo, as normas destas revistas científicas exigem que o artigo a ser publicado exiba bons resultados de Cálculos de Concordância: *Behavior Analist Today* (BAT), *Journal of Applied Behavior Analysis* (JABA), *The Analysis of Verbal Behavior* (TAUB), *Journal of School Health* (JOSH), *Acta Comportamentalia* – Revista Latina de Análise do Comportamento.

Embora não conste nas normas para aceitação, dependendo do editor ou do revisor do trabalho, algumas revistas também exigem que sejam mostrados os Cálculos de Concordância, e, claro, que tenham sido bons, como é o caso da *Revista Brasileira de Análise do Comportmento* (ReBAC).

Em segundo lugar (4.3), mostraremos uma *fórmula alternativa* para se fazer os cálculos de concordância.

Em terceiro lugar (4.4), abordaremos os cálculos de concordância quando temos *vários comportamentos e/ou inúmeros observadores.*

E, por fim (4.5), mostraremos os vários *usos* para os Índices de Concordância.

Antes de mais nada, é bom esclarecer o que se entende por "concordância" e "discordância". Aqui, essas 2 palavras têm o mesmo sentido comum que elas possuem na linguagem popular, quando 2 (ou mais) pessoas se referem à quantidade que cada uma percebeu, em dada ocasião.

Exemplo: Carlos contou quantas bananas estão em um cacho e diz que são 53. Augusto, após contá-las, uma a uma, afirma que são exatamente 53. Nesse caso, podemos dizer que temos 53 "concordâncias", ou 100% de acerto entre essas 2 pessoas.

Se Augusto dissesse que eram 50 bananas, eles teriam 50 "concordâncias" entre si. Ambos estariam de acordo que, no mínimo, 50 é a quantidade exata, podendo haver 3 outras bananas a mais, que é o número de "discordâncias" entre eles, pela contagem feita por Carlos.

Numa dada situação, há *"concordância"*, portanto, quando 2 (ou mais) pessoas afirmam existir a mesma quantidade. Há *"discordância"* quando cada pessoa diz um número diferente do que foi citado pela outra, e, nesse caso, se costuma indicar o número de menor grandeza como o total de "concordâncias" entre as 2 pessoas e a diferença entre os números, como sendo o total de "discordâncias" entre elas.

Se esses 2 conceitos estão claros para você, pode pular o próximo parágrafo, que traz um outro exemplo, para quem ainda tem alguma dúvida, ou quer ter certeza se entendeu mesmo.

➤INFORMAÇÃO COMPLEMENTAR

Se eu lhe entrego o cofrinho de minha neta, repleto de moedas de todos os valores, principalmente os mais baixos (porque o vô é pão-duro e lhe dá moedas de pouco valor, de cada vez) e digo a você que ali tem R$ 100,00 e você, após conferir, verificar que tem mesmo essa quantia, podemos dizer que existem 100 "concordâncias" entre nós e nenhuma "discordância". No entanto, se você verificar que ali só tem R$ 96,00, a concordância será de 96%. Nós dois estamos dizendo que ali existe, no mínimo, R$ 96,00. Então 96 é o total de "concordâncias" existentes entre nós dois, contra 4 "discordâncias", que é a diferença entre os dois números (100 – 96 = 4).

No exemplo das bananas e no das moedas, a maneira de se tirar a dúvida, e mostrar quem está certo, seria a repetição da contagem, talvez até feita simultaneamente pelas 2 pessoas envolvidas em cada caso.

Em se tratando, porém, da observação de comportamento, feita ao mesmo tempo por 2 ou mais pessoas, não dá para "voltar o filme", pois os acontecimentos – se não foram gravados ou filmados – não podem ser repetidos. E é aí que os "cálculos de concordância" mostram sua utilidade.

Estando bem esclarecidos os conceitos de "concordância" e "discordância" podemos entender melhor a maneira usual de se fazer os tais "cálculos de concordância", tão comuns e úteis em trabalhos observacionais, como se mostrará a seguir.

4.1.1 Concordância em registros de evento e duração

Uma das duas fórmulas usualmente empregadas para se calcular a concordância é dada a seguir. A segunda você conhecerá no item 4.3 Fórmula Alternativa, depois, portanto, que você se exercitar no emprego da primeira fórmula, nos exemplos que verá agora, fazendo uso das várias técnicas de registro que foram mostradas nesse livro.

Eis a *primeira fórmula* para se calcular os Índices de Concordância.

$$\text{Índice de Concordância} = \frac{\text{Concordâncias}}{\text{Concordâncias} + \text{Discordâncias}} \times 100$$

Registro de Evento. Vejamos um caso prático. Num Registro de Evento, o observador A indicou que o comportamento sob observação ocorreu 30 vezes, enquanto o observador B indicou 26 vezes. Vê-se que ambos concordam que o comportamento tenha ocorrido pelo menos em 26 oportunidades, e em 4 vezes discordam que o mesmo comportamento tenha acontecido.

Recapitulemos as informações fornecidas:

Obs. A	Obs. B	Concordâncias	Discordâncias	Total
30	26	26 (É sempre o número de menor grandeza.)	4 (30 - 26 = 4)	30 (26 + 4 = 30)

De posse dessas informações, podemos aplicar a primeira fórmula indicada. A saber:

$$\text{Índice de Concordância} = \frac{26}{26+4} \times 100 = \frac{26}{30} \times 100 = 0{,}86 \times 100 = 86\%$$

➤INFORMAÇÃO COMPLEMENTAR

1. Comparando as duas fórmulas. Para que você possa comparar a primeira fórmula com a segunda, adianto aqui o que você verá melhor no item 4.3.

A segunda fórmula usual para se fazer o cálculo de concordância que será detalhada no item 4.3, é esta:

$$\frac{\text{menor grandeza}}{\text{maior grandeza}} \times 100$$

Usando-a, coloca-se como numerador a quantidade menor de ocorrências do comportamento observado e como denominador, a maior. Assim, no exemplo que acaba de ser analisado, teríamos:

$$\frac{26}{30} \times 100 = 0{,}86 \times 100 = 86\%$$

2. Arredondamento do resultado da concordância. O resultado exato do cálculo seria 86,7%, mas para maior simplicidade, nos exemplos dados desse capítulo, para os Cálculos de Concordância, as casas decimais foram desprezadas.

Querendo, arredondá-las criteriosamente, consulte o Cap. 9 - Apresentação dos dados, da Resolução Nº 886, de 26 de outubro de 1966, do IBGE – Conselho Nacional de Estatística. Está disponível em: https://biblioteca.ibge.gov.br/visualizacao/livros/liv82497.pdf.

Registro de Duração. Exemplifiquemos a maneira de se proceder quando se utiliza a técnica de Registro de Duração para obtenção de dados. O observador A registrou que o comportamento durou 73 segundos e o observador B marcou como sendo 60 segundos. Procede-se como no exemplo anterior.

Obs. A	Obs. B	Concordâncias	Discordâncias	Total
73	60	60	13 (73 – 60 = 13)	73 (60 + 13 = 73)

$$\text{Índice de Concordância} = \frac{60}{60+13} \times 100 = 82\%$$

Vamos ver se você aprendeu. Observando a mesma situação num dado momento, duas pessoas registraram o seguinte total de ocorrências: observador A = 80 e observador B = 94. Com esses dados, calcule o Índice de Concordância. Para tanto, utilize o quadro que é dado a seguir. Após preencher as 5 primeiras colunas, aplique a fórmula conhecida e ponha o resultado na última coluna. Vamos, você consegue!

Obs. A	Obs. B	Concordâncias	Discordâncias	Total	Índ. Concordância
					%

Se as suas contas estiverem certas, verificará que o Índice de Concordância entre os dois observadores é de 85%. Se sua resposta foi diferente, leia a Informação Complementar, dada a seguir.

➤INFORMAÇÃO COMPLEMENTAR

Antes de mais nada, verifique se transcreveu corretamente os dados: 80 e 94, respectivamente nas colunas dos observadores, a primeira e a segunda.

Repare se considerou, dentre esses dois números, o de menor grandeza como sendo o total de concordâncias (80, que deve ficar na 3ª coluna, a das Concordâncias).

Para o preenchimento da 4ª coluna (Discordâncias), o raciocínio a ser desenvolvido é o seguinte: se os observadores estão de acordo que o mesmo comportamento tenha ocorrido 80 vezes e o maior número de ocorrências registradas é 94, necessito subtrair 80 de 94, o que dará: 94 – 80 = 14, que indica quantas discordâncias ocorreram.

A 5ª coluna (Total) resulta da simples soma da 3ª com a 4ª: 80 + 14 = 94.

Bem, se você fez tudo certo até aqui e, ainda assim, o Índice de Concordância que você obteve foi diferente de 85%, o seu erro foi na aplicação da fórmula. Vejamos:

$$\text{Índice de Concordância} = \frac{80}{80 + 14} \times 100 = \frac{80}{94} \times 100 = 85\%$$

Importante: depois dessas explicações, você certamente não mais errará. Quer apostar?

Bem, se não quiser ficar quebrando a cabeça com concordâncias e discordâncias deixe de lado essa primeira fórmula e aplique a segunda (item 4.3).

4.1.2 Concordância em registros a intervalos e por amostragem

Quando se usam as técnicas de Registro a Intervalos ou por Amostragem de Tempo, a fórmula utilizada é a mesma que vimos ou a fórmula alternativa (4.3) e a maneira de se proceder é a que se segue. Nesses dois tipos de registros, é comum a existência de caselas nas quais o comportamento não tenha ocorrido. Nesses casos, pode-se considerar como concordâncias as caselas nas quais ambos os observadores registraram como havendo "não-ocorrência" do comportamento em questão[33].

Analisemos um caso para facilitar a compreensão. Suponha que os dados que são apresentados a seguir se refiram ao registro de dois observadores (os mesmos A e B que você já conhece) que, na mesma situação e ao mesmo tempo, agora anotaram se determinada pessoa exibia ou não o comportamento de "Roer Unha". Examinemos os três primeiros minutos desses registros, nos quais as discordâncias foram indicadas com a letra D e as concordâncias com a letra C, no registro do Observador B. (É indispensável que sejam *marcados em* ***um único*** *dos*

[33] É comum que a quantidade de não ocorrências para um dado comportamento possa ser alta. Nesses casos, deve-se levar em conta somente as caselas em que ao menos um dos observadores registrou como tendo ocorrência.

Assim, ao se comparar os registros de 2 observadores, se ambos indicaram não ocorrência, nas mesmas caselas, essas caselas não entrarão nos cálculos.

2 registros para que, por distração, não se duplique as informações).

Observador A

min	Intervalos			
	0-15	16-30	31-45	46-60
1	X	X	–	X
2	–	–	–	–
3	X	X	X	X

Observador B

min	Intervalos			
	0-15	16-30	31-45	46-60
1	X C	X C	– C	X C
2	X D	C	– C	– C
3	X C	– D	X C	X C

Legenda: X = ocorrência – = não-ocorrência
D = discordância C = concordância

Isso feito, utilizando apenas um dos registros, contemos separadamente as concordâncias e discordâncias, e as indiquemos no quadro dado a seguir.

Depois somemos esses dois valores e assinalemos o seu resultado na coluna do "Total".

Dupla A e B de Observadores

Concordâncias	Discordâncias	Total	Índice de Concordância

Como se verifica pelas letras D, que estão salientadas com a cor cinza, em duas caselas, houve duas discordâncias entre os observadores. Nas 10 outras caselas, concordam quanto à ocorrência ou não do "Roer Unha", por parte do Participante que estava sendo observado.

Assim sendo, você deve ter preenchido o quadro da seguinte forma: 10 (1ª casela), 2 (2ª casela). A terceira casela é a soma das duas anteriores (10 + 2 = 12).

Aplicando-se, agora, a fórmula alternativa (item 4.3), teremos:

$$\text{Índice de Concordância} = \frac{\leq \text{menor}}{> \text{maior}} \times 100 = \frac{10}{12} \times 100 = 83\%$$

Complete o quadro fornecido, escrevendo na 4ª casela o Índice de Concordância obtido (83%).

4.2 CONCORDÂNCIA EM REGISTROS CURSIVOS

Ainda não falamos de Registros Cursivos, o que fazer para calcular a concordância em tais registros, quando realizados por dois ou mais observadores independentes. Diferentemente das demais técnicas, os Registros Cursivos dificultam, e às vezes impedem, que o índice de Concordância seja aplicado, por conterem dados mais qualificativos do que quantitativos.

Uma forma de fazê-lo seria, quando possível, transformar os dados do Registro Cursivo em dados numéricos. Por exemplo, o comportamento X ocorreu tantas vezes e o comportamento Y ocorreu outras tantas vezes.

Faça assim com todos comportamentos que permitam serem contados e proceda da maneira tradicional para se fazer os cálculos, como se fosse um Registro de Evento.

Uma tal transformação, contudo, geralmente não é possível, visto que esse registro é mais qualitativo do que quantitativo, dificultando ou mesmo impedindo a contagem de comportamentos.

4.3 FÓRMULA ALTERNATIVA

Uma fórmula mais simples pode ser empregada para o Cálculo de Concordância entre observadores. Vejamos, examinando um caso concreto.

Suponha que dois observadores, durante 1 h observaram uma criança autista durante o recreio, numa escola, interessados em conhecer em que medida os colegas interagem com ela.

O "famoso" observador A anotou que aconteceram 10 interações e o "não menos importante" observador B anotou 8 interações.

A fórmula mais simples para se calcular a concordância entre A e B é esta:

$$\frac{< \text{(menor)}}{> \text{(maior)}} \times 100$$

Entre 10 e 8, o número de menor grandeza, a que representa a menor quantidade, é 8. E o de maior grandeza, a que se representa a maior quantidade, é 10.

Então, temos que $\frac{8}{10} \times 100 = 80\%$

— Ah, professor essa é bem mais simples! Posso usá-la, em vez da outra?

— Amigo(a), você manda! Use uma ou outra!

➤INFORMAÇÃO COMPLEMENTAR

Ao tratarmos das 2 fórmulas para se fazer os cálculos de concordância, falamos em número de "maior ou menor grandeza". Não seria mais simples dizer: o número "menor" ou "maior"? Todo mundo fala assim! Verdade, afinal 8 e 10 são do ponto de vista da grafia, de igual "altura", mas de grandezas matemáticas diferentes. O 8 é de menor grandeza e o 10, maior. Precisamos, porém, começar a praticar a "linguagem científica". Tentar ser "claro" e "preciso" não é fácil, mas é essencial quando se está redigindo um trabalho acadêmico. Na fala no boteco ou no bilhete para a namorada você pode e, muitas vezes, deve evitar ser claro e preciso, para você não ser taxado de chato ou até de pedante.

Vamos ver, agora, como você se sairá no exercício de aplicação que se segue. Tente fazer o seu melhor!

Os mesmos observadores A e B agora foram convidados a verificar se o autista, do exemplo anterior, participa das atividades propostas pela professora numa aula de matemática.

O observador A anotou que o autista participou de 4 atividades, e B registrou que ele resolveu 3 das atividades que a professora propôs.

Aplique a fórmula simples e calcule, antes de ver o resultado que é dado na nota lateral, que está no final do capítulo. É para incentivá-lo a só procurá-la após fazer o cálculo. Quero ver se vai aceitar esse desafio!

$$\text{Indice de Concordância} = \frac{(<)}{(>)} \times 100 = \quad \%$$

Utiliza-se o Cálculo de Concordância para se medir até que ponto estão de acordo observadores independentes que registraram os mesmos fatos. É para se verificar até onde se pode confiar nas informações que registraram.

Para se efetuar os cálculos, emprega-se uma destas duas fórmulas:

1. $\text{Índice de Concordância} = \frac{\text{Concordâncias}}{\text{Concordâncias} + \text{Discordâncias}} \times 100$

2. $\text{Índice de Concordância} = \frac{\text{menor grandeza}}{\text{maior grandeza}} \times 100$

O índice de Concordância pode ser calculado com os dados de registros executados com as diferentes técnicas, mas nem sempre é possível com os dados de Registros Cursivos.

4.4 CONCORDÂNCIA QUANDO SE TRATA DE VÁRIOS COMPORTAMENTOS E/OU OBSERVADORES

Até agora falamos de calcular a concordância de 1 só comportamento registrado por 2 observadores. Mas, na maioria dos casos, se costuma registrar vários comportamentos simultaneamente. E como fazer os cálculos? Vamos tratar disso agora (4.4.1) e, a seguir, dos casos em que vários comportamentos são registrados por 3 ou mais observadores (4.4.2).

4.4.1 Concordância relativamente a dois ou mais comportamentos

Em todos os exemplos dados, foi proposital o emprego de apenas um comportamento por vez, de modo a simplificar o seu trabalho. Acontece porém que, nas situações normais de observação, costuma-se registrar vários comportamentos simultaneamente. Nesse caso, como proceder para calcular os Índices de Concordância?

Dois procedimentos são necessários: (a) verificar a concordância entre os observadores relativamente a *cada uma* das categorias comportamentais em *separado* e (b) a *todas* elas *em conjunto*.

Quando se calcula o Índice de Concordância (a) para *cada categoria isoladamente*, pode-se analisar, por exemplo, *quais* delas estão *trazendo mais dificuldades* para os observadores e, quem sabe, *devam ser redefinidas* ou, no mínimo, sobre quais definições se *deverá discutir* com os observadores, de modo a se tentar superar as dificuldades surgidas.

O Índice de Concordância, quando calculado para (b) o *conjunto completo das categorias* comportamentais, é útil para se ter uma *visão global da concordância* entre os observadores o que, como se mostrará mais adiante, é necessário para se saber quando encerrar o treinamento dos observadores.

No exercício que forneceremos logo mais, você encontrará exemplos resolvidos que lhe mostrarão como fazer para calcular a concordância, quer para vários comportamentos em separado (a), quer para o conjunto deles (b).

4.4.2 Concordância entre três ou mais observadores

Nos casos em que mais de duas pessoas sejam utilizadas para registrar os mesmos comportamentos (o que seria excelente!), o cálculo de concordância é feito *entre pares* de observadores. Assim, se temos três deles (A, B e C), para os cálculos formaríamos os seguintes pares: AB, BC e AC.

Exemplifiquemos. Suponha que os três observadores tenham registrado os seguintes totais, relativamente a determinado comportamento: A = 73; B = 60 e C = 50. Nesse caso, teríamos:

Pares de Obs.	Concord.	Discord.	Total	Índice de Concord.
AB	60	13	73	82%
BC	50	10	60	83%
AC	50	23	73	68%

É bom esclarecer que essa maneira de proceder é comum a todos os tipos de registro. Ou seja, independentemente do particular tipo de registro utilizado, se mais de dois observadores forem usados, os cálculos de concordância serão feitos combinando-se os observadores dois a dois. Tal como acabamos de fazer.

➤INFORMAÇÃO COMPLEMENTAR

A comparação dos registros dos observadores é relativamente simples, quando se usam as técnicas de Evento ou Duração, em vista de o que deve ser comparado ser quase que só o resultado dos totais anotados.

A comparação torna-se, contudo, mais trabalhosa, quando se empregam as técnicas a Intervalos ou por Amostragem, por conterem caselas que devem ser comparadas entre si, uma a uma. E isso fica tanto mais difícil quanto maior o número de caselas a serem comparadas.

Para superar essa dificuldade, temos usado um recurso simples, prático e altamente eficiente: folhas de papel de seda (sugerido em Fagundes, 1978).

Um dos observadores anota os seus dados em folhas de registros feitas em papel de seda que reproduzem, fielmente, a disposição das caselas que se encontram na folha de registro do outro observador. Por ser transparente, a folha de papel de seda da folha de registro de um observador pode ser superposta àquela do outro observador, que é impressa em uma folha de papel sulfite, o que permitirá verificar, diretamente e com facilidade, em quais caselas há concordâncias e discordâncias, e assinalá-las.

A Comparação de dados numerosos dos observadores ficará resolvida com facilidade se eles empregarem, por exemplo, os recursos do Excel.

Quando os registros se referem a dois ou mais comportamentos, pode-se calcular o Índice de Concordância para cada um deles, em separado, ou para todos, em conjunto.

No caso de se utilizar três ou mais observadores para se registrar os mesmos fatos, o Índice de Concordância deve ser calculado para todos eles, aos pares.

4.5 Usos para os índices de concordância

Em diferentes lugares do presente capítulo foram apontadas algumas utilizações práticas que costumam ser feitas com os Índices de Concordância. A fim de realçá-las convenientemente, vamos reuni-las e comentá-las de forma resumida.

Os Índices de Concordância têm sido utilizados principalmente para:

a. Saber-se da *confiabilidade* dos registros obtidos;

b. Identificação das categorias comportamentais que estejam apresentando *maior dificuldade* para observação; e

c. Indicar quando um observador já se encontra *suficientemente treinado.*

De fato, quando comparamos registros observacionais e os Índices de Concordância obtidos com eles se mostram elevados (acima de 70%), podemos ter uma relativa tranquilidade em aceitar como bons, ou ter como confiáveis, tais registros. Índices acima de 70% indicam que:

a. As categorias empregadas foram *bem definidas;*

b. Os comportamentos estão sendo *identificados sem muita dificuldade;*

c. Os observadores se encontram *suficientemente treinados*. O ideal seria que em todas as sessões de observação, e em cada categoria, os índices fossem iguais ou superiores a 70%.

Setenta por cento não é um número mágico. É um valor escolhido por critérios estatísticos que garantem que se dois observadores estão concordes dessa forma, seus registros não podem ter coincidido por mero acaso.

Se os Índices de Concordância obtidos estão baixos (menos de 70%), devo imaginar que:

a. As categorias estão oferecendo *dificuldades* para serem detectadas;

b. As categorias *não estão bem definidas*; ou

c. os observadores *não estão suficientemente treinados.*

Nesses casos, posso pôr em dúvida o valor dos registros obtidos, já que, estatisticamente, a baixa quantidade de concordâncias poderia ser explicada por simples acaso. Quando tais coisas acontecem, costuma-se superar o problema *discutindo-se* com os observadores para se tentar identificar as possíveis falhas. Às vezes pode ter sido uma simples *má compreensão das definições* comportamentais; outras vezes, *falhas das próprias definições*, o que pode ser resolvido com discussão, que pode redundar uma reformulação das definições estabelecidas.

Depois disso ter sido feito, outras sessões de treinamento se seguiriam, calculando-se novos Índices de Concordância. Atingindo-se valores iguais ou superiores a 70% em *cada uma das categorias*, em cerca de *3 a 5 sessões consecutivas*, pode-se, com certa segurança, dar o treino dos observadores como encerrado e passar-se às sessões nas quais os dados definitivos serão colhidos.

Pede-se bons índices em *3 a 5 sessões*, e não em uma só, para garantir que não sejam simples coincidência, mas fruto do bom desempenho real dos observadores.

➤IINFORMAÇÃO COMPLEMENTAR

Bons índices em 2 sessões isoladas, ou até mesmo em 2 sessões consecutivas, poderiam ser fruto de coincidência. Em 3, porém, não seria explicado só pelo acaso, mas, provavelmente, só pelo *bom preparo dos observadores* e suas *boas definições.*

A exigência de se ter bons índices em ao menos *3 sessões consecutivas* é bastante comum entre os pesquisadores que fazem uso das técnicas de observação e registro dos dados de seu interesse. É critério suficientemente bom para se encerrar o treinamento dos observadores.

No entanto, alguns pesquisadores mais rigorosos podem exigir de *4 a 5 sessões consecutivas.*

E por que "consecutivas"? É para tornar mais rigoroso o critério adotado, pois a obtenção de bons índices em sessões isoladas é mais simples, mas em sessões consecutivas é bem mais trabalhosa e, consequentemente, requer o aumento da quantidade de sessões de treino e aumenta a confiabilidade dos dados obtidos.

O Índice de Concordância serve para:

a. Medir a *confiabilidade* dos registros dos observadores;
b. Fornecer indícios a respeito das *categorias que oferecem maior dificuldade* para observação e talvez devam ser redefinidas;
c. Sugerir *quando encerrar* o treino dos observadores.

Para que se convença da importância dos Índices de Concordância, relembro, como mostrado no início deste capítulo, que muitas revistas acadêmicas, no mundo todo, não aceitam para publicar trabalhos que contenham dados de observação se não indicarem tais índices e, claro, se eles não forem bons.

Assim, se seu TCC ou outra pesquisa vai ter dados de observação (por exemplo, para indicar a Linha de Base do comportamento a ser modificado e, depois, mostrar que a sua Intervenção foi eficaz) e você pretende publicá-lo em uma revista acadêmica, você deve, antes de mais nada:

- Empregar ao menos dois observadores, calcular os Índices de Concordância entre eles e só encerrar o treinamento deles quando os Índices forem iguais ou maiores do que 70%, em 3 a 5 sessões consecutivas. Esse ou outro critério que adotar, para findar o treino, tem que ficar explícito no seu trabalho, para que fique patente que você foi cuidadoso e que, portanto, ele é um trabalho responsável e sério e que os leitores podem confiar nele.
- Só então deverá passar para colher os dados definitivos, indicando esse seu cuidado no seu trabalho. Dados que também precisarão estar acima de 70%.

Fazendo essas duas coisas, terá cumprido dois dos pré-requisitos para que seu TCC, ou outro tipo de pesquisa, com dados de observação comportamental, possa ser publicado.

Índices de Concordância iguais ou maiores do que 70% em cada uma das categorias, em 3 a 5 sessões consecutivas, é um bom critério para se encerrar a fase de treino dos observadores.

O ideal seria a obtenção de índices iguais ou superiores a 70% em todas as sessões de observação.

Os Índices de Concordância têm sido utilizados principalmente para:

a. Saber-se da confiabilidade dos registros obtidos;

b. Identificação das categorias comportamentais que estejam apresentando maior dificuldade para observação; e

c. Indicar quando um observador já se encontra suficientemente treinado.

1. Calcule a concordância dos dados dos observadores indicados a seguir, que foram obtidos utilizando-se a técnica de Registro de Evento.

Faça o cálculo, para: (a) cada uma das categorias em separado e, depois, para (b) o total geral das 3 categorias.

Comportamento	Obs. A	Obs. B	Dupla A B de Observadores				
	Total	Total	Concordância	Discordância	Total	Índice de Concordância	
Brigar	60	75				%	
Brincar	130	100				%	(a)
Berrar	28	13				%	
Total Geral						%	(b)
1ª Parte			2ª Parte			3ª Parte	

Os cálculos devem ser efetuados para cada categoria em separado e os resultados colocados na parte da tabela indicada, na lateral direita, pela letra (a) e, a seguir, devem ser feitos para o conjunto das categorias comportamentais ("Total Geral") e colocados na parte da tabela indicada pela letra (b).

Se essas informações são suficientes para você, passe a fazer os cálculos e coloque os resultados onde foi pedido.

Se necessitar de mais orientação, leia a Informação Complementar, que está no final do capítulo.

As respostas referentes à 3ª parte da tabela só serão fornecidas ao final. No entanto, para saber se está agindo certo, vamos dar-lhe uma "colher de chá". Se os seus cálculos estiverem corretos, os resultados da 2ª parte da tabela seriam os seguintes:

Comportamentos	Concordâncias	Discordâncias	Total
Brigar	60	15	75
Brincar	100	30	130
Berrar	13	15	28
Total Geral	173	60	233
	2ª parte		

De posse desses dados, será facílimo aplicar a conhecida fórmula e obter os Índices de Concordância e lançá-los na 3ª parte da tabela, se é que você ainda não o fez. Vai necessitar deles no exercício seguinte.

2. Analisando os índices que você escreveu na 3ª parte da tabela:

a. identifique que comportamento está oferecendo maior dificuldade para ser observado:

b. diga se é aceitável a concordância obtida no conjunto das categorias: Sim ( ) Não ( )

3. Damos a seguir um registro de duração. Calcule os Índices de Concordância (a) para cada categoria e (b) para o conjunto das mesmas.

Comportamentos	Obs. A		Obs. B		Dupla A B de Observadores				
Total(min)	Total (min)	Total (seg)	Total (min)	Total (seg)	Conc.	Disc.	Total	Índ. Conc.	
Correr	2,15	**135**	2,00	**120**				%	a
Cantar	5,13	**313**	4,20	**260**				%	
Caminhar	10,02	**602**	11,20	**680**				%	
Total Geral								%	b

Antes de mais nada, você deveria transformar em segundos os totais que estão dados em minutos, para tornar possível as operações. Para facilitar seu trabalho, essa transformação já foi feita e indicada nas caselas que estão salientadas, com a cor cinza.

Respostas:

(a): "brigar" = 80%; "brincar" = 76% e "berrar" = 46%

(b): Para o conjunto das 3 categorias, o Índice de

$$\text{Concordância é: } \frac{173}{173 + 60} = 74\%$$

(a): "Berrar" está oferecendo maior dificuldade para ser identificado pelos observadores.

(b): Sim, o Índice de Concordância verificado no conjunto das categorias (74%) é aceitável, pois está acima de 70%.

(a): "correr" = 88%; "cantar" = 83% e "caminhar" = 88%.

(b): Para o total das 3 categorias = 87%.

Para uma recapitulação completa do Capítulo 4 e uma aplicação de suas ideias mais importantes, pode-se resolver as questões dos Exercícios V e VII do *Apêndice A*, cujas respostas, com alguns comentários, são dadas no *Apêndice B*. Sua aprendizagem será maior se, primeiramente, responder ao que é pedido e, só depois, ler as respostas dadas pelo autor.

➤INFORMAÇÃO COMPLEMENTAR

Se teve dificuldade em responder à questão nº 1 do exercício de aplicação que agora terminou, leia a explicação suplementar que é dada a seguir.

A primeira coisa a fazer é verificar, para cada um dos comportamentos, as concordâncias e discordâncias e somá-las, indicando tais resultados na 2ª parte da tabela.

Vejamos isso quanto a "Brigar". Concordâncias = 60; discordâncias = 75-60=15; total = 60 + 15 = 75. Dessa maneira, na primeira linha da tabela você colocará: 60; 15 e 75.

Agora, o passo seguinte é fazer o mesmo para os dois outros comportamentos. Assim que terminar esses cálculos e lançar os resultados na 2ª e 3ª linhas da tabela, você estará pronto para prosseguir.

A próxima etapa é calcular as concordâncias, discordâncias e somá-las, referentes ao "Total Geral", que é a 4ª linha da tabela realçada com sombreado cinza. E isso é feito da mesma forma que procedeu com cada uma das categorias comportamentais em separado.

Atenção! Para os cálculos do "Total Geral", você poderia querer somar os totais da 1ª parte da tabela (218 e 188) e, a partir deles, obter as concordâncias e discordâncias, o que daria, respectivamente 188 e 30. Não faça isso, pois estaria procedendo de maneira errada, supervalorizando os dados, já que o índice resultante seria de 86%. Agindo da forma como foi recomendado, para "Total Geral" as concordâncias seriam 173 e as discordâncias, 60, dando 74%, o que é bem diferente!

A última etapa é calcular os Índices de Concordância para cada um dos comportamentos e para o "Total Geral", lançando os resultados na 3ª parte da tabela, letras (a) e (b), respectivamente.

Para o cálculo do Índice do "Total Geral", você poderia pensar em, simplesmente, somar os Índices das três categorias e dividir por três. Não faça isso, pois seria errado do ponto de vista matemático, resultando um índice de 67% que, neste caso, estaria subvalorizando os dados obtidos.

Como acabou de ver, os mesmos dados, quando trabalhados de formas diferentes, podem dar 3 índices bem diferentes: 86%; 74% e 67%. Apenas o *segundo* (74%) é o correto.

■■■

Eis a resposta à questão formulada ao final do item 4.3, que é dada em lugar diferente do habitual, como desafio para você primeiro fazer os cálculos e só depois procurá-la.

Resposta: $\frac{3}{4} \times 100 = 75\%$

Se você acertou, está autorizado a comer uma gostosa sobremesa na próxima refeição. Ou escolha outra coisa para desfrutar, comemorando o seu sucesso.

5

REGISTRADORES DE COMPORTAMENTO

As diferentes técnicas de observação e registro examinadas requerem um observador que esteja presente na situação planejada e, ele próprio, verifique a ocorrência dos comportamentos de seu interesse e os anote. Para a realização dos registros, geralmente basta papel e lápis. Dadas certas condições, é possível, entretanto, dispensar-se a presença do observador ou, então, sofisticar a maneira como os dados serão anotados por ele. Nesses dois casos, isso se torna possível graças à ajuda de certos dispositivos, os registradores de comportamento.

Classificaremos os registradores em dois tipos: automáticos e manuais. Os *automáticos* dispensam a presença do observador, sendo que o próprio comportamento apresentado pelo Participante ou Sujeito faz funcionar um dispositivo especial, que registra o comportamento ocorrido. Os registradores *manuais* requerem que o pesquisador observe diretamente os comportamentos e ele próprio manipule os dispositivos que registrarão os comportamentos presenciados.

5.1 REGISTRADORES MANUAIS

Levando-se em conta os principais componentes ou tipo de funcionamento, podemos considerar que existem várias espécies de registradores manuais: mecânicos, eletromecânicos e eletrônicos.

Registradores mecânicos. Um dos mais simples é representado na Figura 2. Trata-se de uma espécie de "contador de eventos ou respostas" que, toda vez que sua alavanca é pressionada, vai acumulando, numericamente, a frequência daquilo que se pretende contar. Ao girar o botão cilíndrico, na lateral esquerda, a numeração é zerada. Esse tipo de registrador é útil quando se emprega a técnica de Registro de Evento. Esse tipo de registrador é muito usado em vários equipamentos industriais, e nesta área é conhecido como "contador de batidas" (– não confundir com a bebida...). Caso queira adquirir um, é com esse nome que você poderá encontrá-lo nas casas que vendem instrumentos de medidas.

Figura 2 - Contador de eventos.

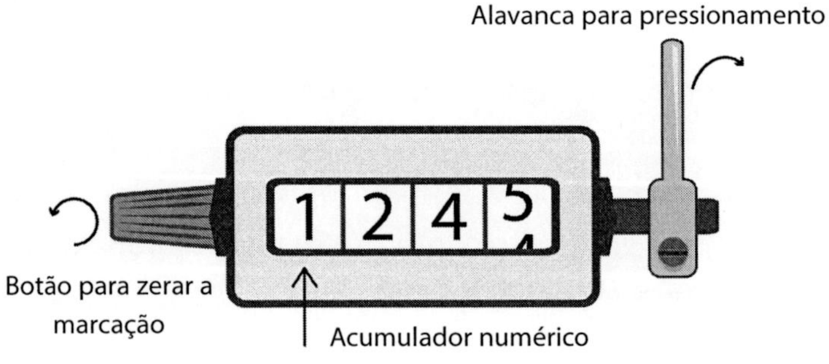

Registradores eletromecânicos. Esses são mais sofisticados. Basicamente, incluem um motor elétrico, que faz girar uma bobina de papel a uma velocidade constante, e uma ou várias canetas ou penas que tocam o papel da bobina, imprimindo nele traços com tinta (veja a Figura 3). Cada caneta é comandada por um interruptor independente.

Quando o aparelho está em funcionamento, as canetas permanecem imóveis e, uma vez que o papel vai girando continuamente, produzem traços retos e contínuos no papel. É o que você pode ver na Figura 3, quanto à caneta A: traços que ficaram horizontais.

Ao se pressionar um dos interruptores, por exemplo o B, a caneta se move, produzindo um risco vertical, na Figura 3, que se assemelha a um "degrau", e permanece nessa posição enquanto o interruptor estiver sendo pressionado.

A ilustração representa, de forma esquemática, um registrador eletromecânico de quatro canais, três dos quais em atividade (B, C e D) e um imóvel (A). O papel deslocou-se no sentido direita/esquerda, resultando quatro traçados que vamos comentar.

Figura 3 - Registrador eletromecânico de 4 canais.

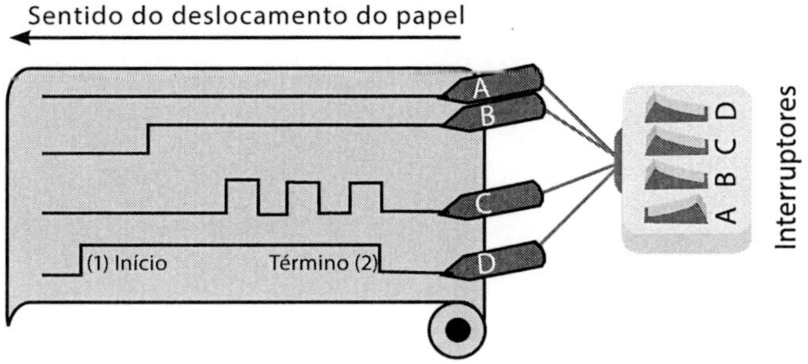

A caneta do canal A, por não ter sido pressionado o interruptor correspondente, deixou no papel um traço reto, horizontal e contínuo. A pena B deslocou-se para cima, produzindo um risco vertical, um "degrau", e assim permaneceu, o que significa que o interruptor B ainda está sendo pressionado. O traçado da caneta C indica que este interruptor foi manipulado pelo observador três vezes, de maneira rápida, acarretando três marcas distintas no papel. O último canal (D) teve sua pena deslocada uma vez para cima, e assim permaneceu por um espaço de tempo relativamente longo, e voltou à sua posição original.

Se cada um dos canais foi reservado para a indicação de um fato ou evento independente, podemos dizer que, no período indicado pelo registro dado na ilustração, o evento do canal A não ocorreu; o do canal B deu-se uma vez e ainda não terminou; o evento C ocorreu três vezes seguidas, tendo curta duração, com dois intervalos curtos e iguais entre eles; e o evento do canal D aconteceu uma só vez, mas foi de maior duração que os três do canal C e menor que o do canal B, que ainda não terminou.

Como se pode verificar, esse tipo de registrador permite a marcação da frequência de vários comportamentos, sua duração e sua distribuição temporal, com indicação do encadeamento ou sequência dos mesmos. Por exemplo, na ilustração dada, sabemos que o evento do canal D [veja o nº (1), na Figura 3], teve início antes dos demais comportamentos e terminou [veja o nº (2)], no exato momento em que terminava o terceiro evento do canal C. Essa ligação temporal, em certos casos, pode ser muito importante, permitindo se conclua, por exemplo: que determinado comportamento só ocorre juntamente com outro.

O registrador da ilustração é dotado de quatro canais. Existem, contudo, registradores eletromecânicos de 10, 20 e até 60 canais, o que aumenta sua complexidade para manuseio, mas, igualmente, amplia o número de comportamentos que podem ser registrados.

Registradores eletrônicos. Um equipamento altamente sofisticado, como é o *computador*, pode ser tido como um registrador eletrônico. Nesse caso, em vez de simples interruptores, temos terminais especiais. Permitem lançar diretamente no computador, os sinais dos registros.

Usando-se computadores portáteis (*smartphone*, *tablet* ou outros), digitam-se dados no seu teclado, que ficam armazenados nesse pequeno e versátil equipamento, que pode estar com o pesquisador praticamente em qualquer situação de observação.

Programas previamente elaborados facilitam representar os dados e já tratá-los convenientemente. Finda a observação, até o tratamento dos dados já pode ter sido feito pelo equipamento.

Para registro de observação direta também se pode fazer uso de *gravadores*. Para isso, o que está sendo observado vai sendo ditado, de forma resumida, ao microfone. *Têm a vantagem de liberar o observador de fazer anotações* (atividade que o obrigaria a desviar os olhos daquilo que faz o seu Participante e, fazendo assim, perder a ocorrência de alguns comportamentos) e, estando livre da tarefa de anotar, *permite que o observador identifique praticamente tudo o que faz* o Participante. Apresenta, no entanto o inconveniente de requerer que se faça, depois, a transcrição dos dados gravados, que geralmente é trabalhosa.

Uma filmadora ou câmera digital pode ajudar a fixar e armazenar o acontecido com muito proveito. É a única forma que permite, posteriormente à sessão de observação, rever exaustivamente o acontecido e analisá-lo em detalhes, com os recursos do "câmera lenta" (*slow motion*) ou "imagem fixada" *(freezing)*. Tais recursos são essenciais para a análise de comportamentos complexos ou interações mais elaboradas entre Participantes.

As filmadoras, ou as câmeras digitais (e alguns celulares) e os gravadores de som, contudo não podem ser tidos como registradores. Apenas fixam a imagem e/ou o som que depois devem ser examinados para que se façam os competentes registros.

De um modo geral, os registradores prestam grande auxílio para que se possa registrar o que está sendo observado de maneira direta. Vezes há que sua utilização é indispensável para a obtenção de certo tipo de dados, como é o caso de indicação, que seja precisa, de *duração, encadeamento* e *sequência temporal.* No entanto, alguns apresentam restrições óbvias. Por exemplo, muitos requerem o uso de energia elétrica diretamente da rede e são volumosos, o que diminui sua possibilidade de utilização em certas situações naturais, como por exemplo, numa sala de aula, numa clínica etc. A saída é apelar para os dispositivos móveis que funcionam com baterias, por exemplo, *lap top, notebook, ipad (tablet)* e alguns celulares.

A boa notícia é que, mundo a fora, já existem programas (*softwares*) específicos para analisar imagens filmadas, para transcrever delas os dados de interesse do pesquisador. Um deles é o Etholog 2.2.5, desenvolvido por Eduardo B. Ottoni (Ottoni, 2000), do Instituto de Psicologia da USP, que transcreve a frequência e duração de comportamentos previamente selecionados.[34] Para conhecer e até baixar o EthoLog 2.2.5, que é uma ferramenta gratuita, acesse: https://www.ip.usp.br/etholog/ethodnl.htm ou faça uso do QRCode, ao lado.

Uma forma simples, e de certa maneira engenhosa, para se proceder a registros de eventos era utilizada pela Dra. Thereza Pontual de Lemos Mettel (USP, Ribeirão Preto e, depois, Universidade de Brasília). Precisando do auxílio de mães analfabetas, para que elas próprias registrassem certos comportamentos de seus filhos, fazia uso da seguinte técnica. Fornecia às mães duas pequenas sacolas de plástico, numa das quais existiam grãos de feijão ou de outro material. À medida em que as ocorrências se davam, as mães tinham sido instruídas a retirar grãos de uma bolsa (ou do próprio bolso delas) e colocá-los noutra bolsa. Cada grão representava uma ocorrência. A utilização de grãos de diferentes cores ou de diferentes cereais permitia registrar a ocorrência de vários comportamentos ao mesmo tempo.

34 Crocetta e Andrade (2014, p. 70-80) fazem uma revisão de 615 trabalhos que fizeram uso do Etholog e foca a sua análise em 15 deles, voltados para a avaliação comportamental no contexto esportivo. (Veja o endereço eletrônico nas Referências deste livro).

5.2 REGISTRADORES AUTOMÁTICOS

Existem dispositivos eletromecânicos que permitem que determinados comportamentos, previamente escolhidos, sejam observados, por assim dizer, de maneira indireta, uma vez que dispensam a presença constante do observador frente ao Participante ou Sujeito que se comporta. São semelhantes aos registradores eletromecânicos descritos anteriormente. Diferem, ainda, enquanto os interruptores não são acionados pelo observador, mas pelo próprio comportamento do Participante ou Sujeito.

Acho que você entenderá melhor com um exemplo: uma criança pequena poderia ser treinada a apertar uma alavanca de um aparelho para ganhar uma bala. (Já sei que você pode protestar por eu querer dar balas para criança. Não vamos brigar: ofereça coisa mais saudável para a saúde dela, então). Cada vez que ela apertasse a alavanca, automaticamente uma bala cairia num recipiente do aparelho. A gente poderia bolar uma série longa de experimentos a fazer com essa criança. Para saber quando ela aperta a alavanca, em vez de ficar olhando e anotando, pode-se ligar um dispositivo elétrico à alavanca do registrador, de forma que o pressionamento da alavanca seja registrado na folha de dados.

Um registrador automático bastante utilizado em Psicologia será descrito a seguir. É dotado de um único canal (ou pena), como se vê na Figura 4. É semelhante aos demais registradores eletromecânicos já descritos. O papel da bobina gira a uma velocidade constante e, enquanto o Participante ou Sujeito não dá uma resposta, a pena permanece fixa, produzindo uma linha horizontal reta (veja as letras A, no desenho). Quando uma resposta é dada, ocorre um deslocamento vertical da pena, produzindo um pequeno "degrau" (letras B).

Figura 4 - Registrador automático.

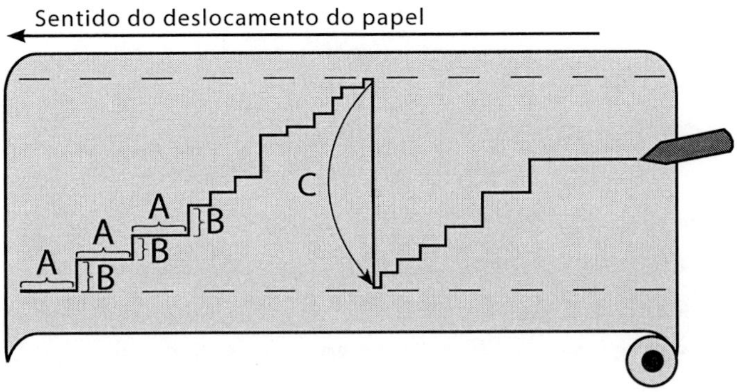

A uma nova resposta, novo "degrau" ocorre. E assim, sucessivamente, até atingir a borda do papel, ocasião em que a pena volta, automaticamente, para a borda inicial (letra C), reiniciando o registro. Esse tipo de registrador acumula graficamente as respostas, de tal maneira que, finda a sessão de registro, já temos pronto um gráfico do desempenho do Participante ou Sujeito.

Nos casos em que se deseja saber apenas o número total de respostas que o Participante ou Sujeito dá, existem registradores que acumulam numericamente as respostas (semelhantes ao contador de respostas da Figura 2), mas operados automaticamente pelo próprio comportamento do Participante ou Sujeito.

No Exercício VIII dá-se exemplo de objetos, de nosso uso diário, que podem funcionar como registradores manuais ou automáticos.

Existem vários dispositivos manuais que servem para registrar comportamento. Entre eles, os contadores de evento, os registradores de vários canais, os computadores e gravadores.

Uma forma simples de se registrar comportamentos é fazer-se uso de pequenos grãos que vão sendo acumulados.

Em certos casos, a observação direta de comportamento pode ser substituída fazendo-se uso de registradores automáticos, acionados pelo próprio comportamento do Participante ou Sujeito. Esses registradores geralmente são dotados de acumuladores gráficos ou numéricos para registro de frequência dos comportamentos.

6

PROGRAMA DE TRABALHOS OBSERVACIONAIS

O presente capítulo é diferente dos demais por resumir questões já abordadas neles e acrescentar umas poucas coisas, necessárias para a organização e realização de trabalhos observacionais, na sequência aproximada com que devem ser realizadas. Tal roteiro é indispensável para que nada do que é importante fique esquecido, quando se está preparando a execução de um trabalho observacional.

Para efeitos práticos, vamos considerar os trabalhos que envolvem observação de comportamento como sendo *simples registros* (6.1), ou como *pesquisas completas* (6.2).

No primeiro caso estão vários dos exercícios que lhe foram propostos em alguns dos capítulos anteriores, nos quais se pedia a observação sistemática e registro de um ou mais comportamentos, com a finalidade de exercitá-lo nas técnicas observacionais. O produto final desse tipo de trabalho é uma ou mais *Folhas de Registro (Protocolos)*, conforme o modelo que consta nos exercícios propostos. Nesses simples registros, quase tudo estava pré-estabelecido e sua tarefa era encontrar um Participante, observá-lo e registrar o que fizesse em alguma situação indicada, seguindo, em quase tudo, o que constava das instruções.

Mas nem sempre as coisas são tão elementares assim, por exemplo, quando se faz uma pesquisa observacional completa, tal como a que é dada no Anexo deste livro. Uma pesquisa como essa requer a escolha de um tema de investigação, de um problema a ser solucionado de modo científico, o que requer o estabelecimento de um ou mais objetivos a serem atingidos; envolve o planejamento de um modo adequado para investigá-lo; a coleta de dados; a apresentação de figuras e/ou tabelas que sintetizem os resultados obtidos; a discussão dos dados coletados e a apresentação das conclusões a que se pôde chegar com esse trabalho.

Nesse caso, o produto final do trabalho é um *Relatório de Pesquisa,* que, em linhas gerais, é idêntico nos vários campos científicos: Psicologia, Sociologia, Medicina etc, sendo praticamente igual no mundo todo, fruto que é de anos e anos de reformulação de seu esquema básico, de modo a facilitar a troca de informações entre os pesquisadores. (Pense nisso, na próxima vez que tiver que fazer um Relatório de Pesquisa!).

Tanto num simples registro, como numa pesquisa completa, um roteiro básico para planejá-los incluiria as etapas que serão dadas na primeira subdivisão deste capítulo (6.1), acrescidas de algumas outras, que serão abordadas na segunda subdivisão (6.2) que trata de pesquisas completas.

6.1 Planejando registros de observação

Ao planejar a realização de um simples registro observacional, várias etapas devem ser executadas. Muitas delas se interpenetram, e algumas devem ser realizadas simultaneamente, mas, por razões didáticas, aqui são apresentadas separadamente e na sequência aproximada em que devem ser praticadas. As principais etapas são as seguintes:

1. Determinação de um objetivo. Antes de você iniciar um trabalho observacional, é preciso ter bem claro *o que*, exatamente, você quer saber, que objetivo você quer alcançar, *para que* você quer essas informações. É em função do objetivo que tudo o mais será planejado.

É possível que o seu objetivo já esteja determinado por se tratar de uma tarefa solicitada por seu professor. Por exemplo, ele pode ter-lhe pedido para realizar um Registro Cursivo do que faz um cobrador de ônibus, durante alguma viagem, num certo período de tempo. Nesse caso, seu objetivo é "levantar o repertório comportamental[35] de um cobrador de ônibus, durante determinada viagem" (que responde à pergunta: *o que* você quer saber?).

[35] Caso não se lembre do que vem a ser "repertório comportamental", consulte a Nota Lateral, 12 do Capítulo 1, item 1.5, p. 56.

Falta especificar o *para que* você quer identificar tal repertório, para que o seu objetivo fique enunciado de modo mais preciso. Uma das possibilidades poderia ser: "para saber de que maneira o cobrador interage com os passageiros". Então seu objetivo ficaria melhor especificado assim: "levantar o repertório comportamental de um cobrador de ônibus, durante determinada viagem, identificando o modo como lida com os passageiros".

Outras vezes, seu trabalho observacional não tem um objetivo fixado por terceiros, mas você vai realizá-lo por pura curiosidade sua, quanto ao comportamento de pessoas, ou animais, em alguma situação particular. Então é necessário, antes de mais nada, que você fixe um objetivo a ser perseguido, que responda às questões: *o que* observar?, *para que* observar?

2. Escolha do Participante ou Sujeito[36] a ser observado. A escolha do tipo de Participante ou Sujeito a ser utilizado decorre do particular objetivo que você tem em mente. No caso hipotético que estamos analisando, o Participante a ser observado é um cobrador de ônibus, não importando quaisquer outras características. Mas outros objetivos influenciarão nas características que o Participante deve apresentar, por exemplo, sua idade, sexo, escolaridade, profissão, nível sócio-econômico, experiências passadas, ou outras características especiais. É o caso quando, em função de algum particular objetivo, é importante saber a nacionalidade do Participante, pois você quer saber se existe diferença no modo de se comportar, em determinada situação, entre pessoas de culturas nacionais diferentes. Até a estatura do Participante pode ser importante conhecer, se você estiver preocupado em descobrir de que maneira os anões se comportam numa situação particular. Tudo vai depender, portanto, do objetivo estabelecido para o seu trabalho.

3. Escolha do(s) comportamento(s) a serem observado(s). O objetivo proposto vai orientá-lo para selecionar os possíveis comportamentos a serem escolhidos. Tomemos o caso do cobrador: "levantar o repertório

[36] Relembrando: quando se observa um humano, é designado como "Participante", se é um animal, se diz "Sujeito".

comportamental de um cobrador de ônibus, durante determinada viagem, identificando o modo como lida com os passageiros". Com esse objetivo, interessa saber como procede o cobrador, enquanto interage com os passageiros, mas não importa o que ele faz em outros momentos: se lê revistinhas ou faz palavras cruzadas, quando está à toa; se fica a se olhar no espelhinho e a se pentear etc. Acima de tudo, importa conhecer suas interações com os passageiros: se acolhe bem os que vão até ele, se usa uma linguagem polida e cortês, se ele se preocupa em dar o troco corretamente, como age quando falta troco, se dá informações quando perguntado, se favorece a ultrapassagem pela catraca aos que se atrapalham ao tentar passar por ela etc.

Essa etapa geralmente é precedida de contatos com os Participantes e, às vezes, de realização de Registros Cursivos – por dispensarem definições prévias – para levantamento do repertório comportamental exibido pelo Participante. No caso do cobrador de ônibus, seria importante viajar no ônibus várias vezes, observando e registrando cursivamente o que ele faz, enquanto atende os usuários que frequentam determinada linha regular. Depois de se ter uma boa noção do que ocorre, os comportamentos mais significativos seriam identificados e definidos. Ou se poderia chegar à conclusão de que a melhor técnica a ser usada é mesmo o Registro Cursivo.

4. Escolha do tipo de registro a ser adotado. A escolha tem que ser feita em conformidade com a espécie dos comportamentos-alvo, dos objetivos a serem atingidos etc. E, se for o caso, **escolha do equipamento** a ser utilizado para realização dos registros.

Na observação do cobrador, bem poderíamos ter optado pelo Registro Cursivo Minuto a Minuto. E como existe a necessidade de registrar as falas dele e dos passageiros que interagem com ele, poderíamos ter optado também por usar um gravador de som. E seria essencial ficar próximo da catraca, para poder captar as falas de ambos.

5. Definição dos comportamentos ou categorias comportamentais escolhidas, (menos para o Registro Cursivo), incluindo geralmente o estabelecimento de *critérios* para a ocorrência deles.

6. Realização do treino do observador ou observadores, para que haja familiarização com as categorias comportamentais definidas, o tipo de registro a ser empregado, as Folhas de Registro, o equipamento (se for o caso) e os demais detalhes do procedimento estabelecido.

Nessa etapa costuma-se refazer, melhorando, as definições estabelecidas e o procedimento planejado. Quando se dispõe de dois, ou mais observadores, efetuam-se sessões de treino para cálculo do Índice de Concordância, fixando-se um critério para encerrar o treinamento, por exemplo, 3 a 5 sessões consecutivas com índices satisfatórios.

Aconselha-se que as sessões de treino sejam feitas em condições semelhantes às da futura situação real de observação. Se vou observar um cobrador de ônibus, preciso me treinar durante uma ou mais viagens no ônibus escolhido, registrando o que faz um cobrador, que não seja aquele que, depois que você estiver treinado, você irá escolher para colher os dados definitivos.

Os dados colhidos durante o treinamento costumam ser desprezados, levando-se em conta apenas aqueles que forem obtidos depois que todas as dúvidas e problemas de procedimento tenham sido resolvidos.

É necessário ter sempre um segundo observador para a coleta de dados? Quando é possível, deve-se ter dois observadores para o registro da totalidade dos dados. Mas isso nem sempre é viável. Então, emprega-se um observador auxiliar, ao menos para realizar algumas sessões, destinadas a aferir a confiabilidade dos registros do observador principal, que executará a coleta da totalidade dos dados planejados.

Um dos motivos, que costuma inviabilizar a presença de um observador auxiliar o tempo todo, ocorre quando a tarefa é muito extensa e demorada, demandando um dispêndio de tempo e energia só suportável para o observador principal, geralmente o autor e interessado na execução do trabalho, não sendo possível exigi-los de terceiros, principalmente quando não são remunerados, que é o mais comum.

Para ilustrar essa situação, conto a respeito de meu doutorado (Fagundes, 1987). Pretendendo estudar o sorrir e as respostas que o acompanham, gravei expressões faciais espontâneas de 13 pessoas, resultando 11 h de vídeo. A quantidade de informação disponível foi tamanha que requereu 3 anos para que eu as transcrevesse para as folhas de registro. Como exigir o dispêndio de tanto tempo e energia de um outro observador voluntário, a quem eu não poderia remunerar? Mas, por outro lado, como saber se a transcrição do observador principal era confiável? A solução foi empregar um observador auxiliar que, após o devido treino com as fitas, gravadas apenas para essa finalidade, com elas testou a confiabilidade do trabalho do observador principal e, depois, transcreveu uma amostra dos dados definitivos que o observador principal iria examinar no início, no meio e no fim de seu trabalho. Esse é um procedimento comum em trabalhos observacionais quando a coleta de dados é extensa e demorada.

7. Escolha do local, da situação física, onde o Participante estará e, se for o caso, de qual situação social o Participante estará engajado (pessoas presentes, com ou sem interação com ele).

A *descrição da situação física* inclui a especificação detalhada do tipo do lugar pretendido para realizar as observações dos Participantes, suas dimensões, mobiliário ou objetos presentes. Por vezes é importante informar as condições de iluminação natural e ou artificial e, noutras, até as condições de aeração, caso se suspeite que tais coisas possam influenciar o comportamento do Participante que estará sob observação.

Para facilitar a visualização da situação física, é útil fazer um diagrama (croqui) ou desenho esquemático do local, aproximadamente em escala – isto é, com medidas proporcionais às da realidade – situando no desenho todas as coisas presentes no lugar e indicando nele onde o Participante e o observador se encontram no início da observação. Tal como se mostrou no Cap. 1, item 1.7.

No caso do trabalho com o cobrador de ônibus, no desenho que representa o ônibus, deve-se indicar onde ficam as portas de entrada e saída, as janelas, os bancos, os corredores, o guichê do cobrador etc.

Na *situação social*, deve-se informar o número de pessoas presentes no momento da observação, o que fazem, principalmente quem interage com o Participante. No caso do cobrador de ônibus, importa dizer o que faz o cobrador e os que com ele interagem, se há passageiros em pé, passagens de pessoas pela catraca etc.

8. Prever um período de ambientação do observador à situação real e dos Participantes à presença dele, se for o caso. Estando o observador a uma *distância adequada* para visualizar bem o que necessita ver e até ouvir o que diz o Participante, se o conteúdo da fala for necessário. E não tão perto, para não tirar a espontaneidade do Participante.

No caso que sugerimos, é importante que o observador fique próximo do cobrador, para ouvir, ou poder usar um gravador, para registrar o que ele e os passageiros falam, se é que tais comportamentos foram considerados importantes para o objetivo fixado.

9. Indicação do número de sessões a serem feitas, duração de cada uma delas e sua **distribuição temporal.** Por exemplo, o cobrador será observado sempre no período da manhã, sempre no mesmo horário, do início ao fim da linha (ou até um determinado ponto), ou a partir de um certo ponto, durante 1 hora, em 5 sessões, uma por dia.

10. Obtenção dos registros definitivos. Quando se dispõe de dois ou mais observadores, a coleta de dados só começa quando o pesquisador principal foi testado, juntamente com outro observador, e os índices do Cálculo de Concordância se mostraram satisfatórios (70% ou mais), durante um certo número de sessões consecutivas (3 a 5, por exemplo). Mesmo assim, se nas primeiras sessões realizadas para a obtenção dos registros definitivos se notar que os Índices de Concordância estão abaixo de 70%, interrompe-se a obtenção de dados e se recomeça o treinamento dos observadores, procurando-se detectar as falhas, discuti-las e solucioná-las. Se os Índices estiverem em 70% ou mais, prossegue-se na coleta de dados.

11. Tratamento dos dados. Finda a coleta, passa-se ao *tratamento dos dados*, fazendo-se a sua tabulação e a sua *transformação em gráficos ou tabelas*, que sumarizam convenientemente o que foi observado. Sempre prefira o emprego de figuras, quando puder optar entre tabelas e figuras, pois essas permitem entender os resultados numa simples olhada, enquanto que as tabelas demandam uma leitura atenta e mais demorada.

12. Feitura de um relatório. Os relatórios das Pesquisas Completas seguem, obrigatoriamente, um padrão internacional, esquematizado a seguir. No entanto, recomendo e insisto que também os relatórios dos simples Registros de Observação sigam esse modelo, ainda que sem tanto rigor, nos itens que lhes são comuns.

De posse das informações constantes nos gráficos e/ou tabelas, costuma-se *preparar um relatório* que informe o que foi feito, com que objetivo, com quais resultados, discutindo se tais resultados atingiram o objetivo proposto e quais as conclusões a que se chegou com o trabalho.

O relatório será mais simples ou mais complexo em função das solicitações do professor ou da finalidade que você quer dar para ele. Por exemplo, se pretende publicar seu trabalho numa revista especializada, você tem que preparar um relato que obedece a certas normas técnicas, por exemplo da APA – Associação Americana de Psicologia, ABNT – Associação Brasileira de Normas Técnicas[37], Vancouver, ou outras.

Logo a seguir, no Anexo, dá-se um exemplo completo de um relatório dessa natureza, que segue, basicamente, as normas da APA para artigo de revista cientifica. Examine a pesquisa do Anexo e verá que tem a seguinte estrutura básica de relatórios técnicos, que é razoavelmente padronizada no mundo todo, e é usada em boa parte das áreas científicas. A saber:

a. *Título.*

b. *Autoria.*

c. *Filiação* (nome da entidade à qual o autor está ligado).

d. *Resumo* (muitas vezes é exigido também o resumo em inglês ou mais uma outra língua – mais comumente francês ou espanhol). Nele se informa o objetivo, o método empregado (será explicado mais adiante), os resultados e conclusões.

e. *Introdução* que inclui um embasamento teórico sobre o assunto e/ou uma revisão do que já foi publicado sobre o seu problema de pesquisa, dando seu objetivo, a justificativa da escolha do seu problema, e uma explicação ou definição dos termos essenciais para a compreensão do tema do trabalho.

f. *Método*, que inclui:

Participante(s) / Sujeito(s), caracterizando detalhadamente quem será pesquisado;

Situação de observação. – A física: local onde o Participante se encontra, por exemplo: "em sala de aula", "na praça de

[37] Existem aplicativos para isso na internet, de modo a você poder formatar, automaticamente, as várias seções de seu relatório, inclusive a formatação de citações e referências, segundo as normas da APA, ABNT e outras mais.
Sem falar que, abrindo o Word e clicando em "Referências", você pode clicar em "Estilo" que aparecerão várias opções, incluindo formatar de acordo com a APA, menos ABNT.

alimentação". De preferência acompanhada de um esquema básico ou croqui do ambiente e seu mobiliário (se for o caso), ou outros elementos importantes.

– *A situação social:* o que o Participante faz. Por exemplo: "refeição, com amigos", "assistindo aula, com colegas", "jogando cartas, com amigos" etc.

Material, onde se informa tudo aquilo que é necessário para a coleta dos dados: Folhas de Registro, Prancheta, Cronômetro, Equipamento etc;

Procedimento, onde se explica tudo o que será feito, como se irá proceder com o(s) Participantes / Sujeitos e com o material para obter os dados, por exemplo: aquilo que consta dos itens 2 a 10 do Programa de Trabalhos Observacionais, exposto acima.

g. *Resultados*, onde se colocam os gráficos e/ou tabelas e se descreve, sucintamente, o que eles nos mostram.

h. *Discussão dos resultados e conclusões.* Aqui, repete-se o objetivo proposto, e se diz de que modo os resultados obtidos se relacionam com ele e com as hipóteses que você possa ter levantado a respeito do assunto da pesquisa; relacionam-se os resultados obtidos, com os que você encontrou em outras publicações; as conclusões a que chegou com seu trabalho, as implicações e até limitações e falhas ocorridas, dando-se sugestões para saná-las, e até propondo novos problemas de pesquisa.

i. *Indicação das referências bibliográficas*. Tudo que você consultar, quer sejam obras publicadas (livros, revistas, jornais, anais de congresso etc), quer seja outro tipo de material (internet, CD etc) e de fato citar no seu trabalho, deve constar de uma listagem obrigatória, ao final do seu relatório. Feita de maneira técnica.

Atualmente, você pode fazer isso com perfeição e sem sofrimento com ajuda da internet.[38]

Por fim, um lembrete importante: na seção de Referências, você deve incluir *todas* e *somente* as obras *citadas* no seu relatório. As obras consultadas, mas não citadas no corpo do relatório, não podem constar na listagem das Referências.

> Para exercitá-lo no que acaba de ler, o bom seria solicitar que você fizesse um trabalho observacional, no qual seguisse tudo o que viu acima. Mas como não dá para pedir-lhe isso, vou me contentar em propor-lhe coisa mais simples. Será uma oportunidade de você entrar em contato com um relato técnico, publicado numa revista de Psicologia. Será também uma forma prática de você fixar melhor quais são as partes de um bom relatório.
>
> Localize a pesquisa de Jabur (1976), que consta no Anexo deste livro. Não será necessário que a leia, bastará "passar os olhos" e ler os títulos e subtítulos, para identificar nela alguns aspectos que foram tratados até agora.
>
> a. Qual é o título da pesquisa?
>
> b. Qual é a filiação da autora? (Entidade à qual ela está ligada).
>
> c. Dos itens que devem constar num relatório técnico, comentados acima – letras (a) até (i) –, faltou algum na pesquisa de Jabur?

[38] Basta usar uma ferramenta gratuita, disponível em www.more.ufsc.br. O QR Code está no final dessa NL. MORE significa Mecanismo *On-line* de Referência. Trata-se de uma ferramenta desenvolvida pela Universidade Federal de Santa Catarina, em 2005, que formata as referências e a citação da fonte usada, conforme as normas da ABNT – Associação Brasileira de Normas Técnicas.

Se clicar nos links oferecidos na página do MORE, terá à sua disposição outras ferramentas para formatação conforme outros sistemas, por ex., APA, MLA etc. E até tutoriais para ajudá-lo nisso. E tem mais três funcionalidades:

a. Dispõe de um banco de dados de referências. Antes de criar a sua, pesquise, pois se ela já está lá, você poderá importá-la, prontinha, sem trabalho;

b. Essa ferramenta, se você quiser, armazena suas referências numa pasta só sua e acessível apenas com uma senha que você cria, ficando disponível para seu uso futuro. Gratuitamente. Nunca foi tão fácil!

c. Possibilidade de solução de dúvidas, a serem analisadas pelos bibliotecários da UFSC, por meio do *e-mail*: morexlab@gmail.com.

d. A autora se esqueceu de fazer um Resumo? Em caso de não ter feito, por que teria agido assim? Se fez, onde o colocou?

e. Os dados coletados foram apresentados em forma de gráficos ou tabelas?

■■■

Se localizou a pesquisa e tentou responder a essas 5 questões, confira as suas com as minhas respostas, às quais acrescentei comentários, que estão entre parênteses:

a. O título da pesquisa é "Efeito do local de estudo no comportamento de estudar".

b. A filiação da autora é "Faculdade de Psicologia da PUC-SP".

c. O artigo publicado incluiu todos os itens comentados acima, de (a) até (i).

d. A autora apresentou um Resumo, sem usar esse título. (É um texto de dois parágrafos, impresso com tipos menores, que aparece logo no início, abaixo da filiação, centralizado na página, e com recuo.

Toda revista científica exige um Resumo para publicar um artigo, por isso, a autora não poderia deixar de inclui-lo. Na revista em que saiu sua pesquisa, não costumam colocar a palavra "resumo" como título desse item, mas em outras ele vem com esse título).

e. Os dados da pesquisa de Jabur foram apresentados em forma de gráficos. (Foram quatro, ao todo. Para exibir resultados, os gráficos são melhor opção do que as tabelas, porque numa simples passada de olhos pelos gráficos você saberá o que aconteceu. Já para entender o que as tabelas mostram, é preciso ler, uma a uma, todas as informações. — Ficou convencido? Então, jamais utilize tabelas, mas só gráficos).

Logo mais, teremos oportunidade de retomar a Pesquisa de Jabur, para ilustrarmos outros aspectos de um relatório técnico. Não perca! Não posso prometer que vá ser emocionante, mas juro que poderá ajudá-lo a entender melhor como deve montar um bom relatório de pesquisa.

Um projeto de trabalho observacional deve incluir as seguintes etapas:

1. Determinação do objetivo a ser conseguido;

2. Escolha do Participante / Sujeito a ser observado;

3. Escolha dos comportamentos a serem observados;

4. Escolha do tipo de registro a ser feito;

5. Definição dos comportamentos a serem registrados (a menos que use registros cursivos);

6. Realização do treino do(s) observador(es);

7. Escolha da situação física e situação social onde atuará o Participante/Sujeito;

8. Ambientação à situação de observação;

9. Indicação do número de sessões, sua duração e distribuição temporal;

10. Coleta de dados;

11. Tratamento dos dados;

12. Feitura de um relatório.

6.2 Planejando pesquisas completas

Uma pesquisa observacional completa requer um grande número de etapas, sendo que muitas se interpenetram e devem ser realizadas concomitantemente. Começa pela escolha de um problema ou questão a ser resolvida, passa pelas etapas descritas no subtítulo anterior (6.1) e termina com a feitura de um relatório. Poderíamos detalhá-las da seguinte maneira:

1. Escolha do problema. Um problema de pesquisa é uma pergunta para a qual se procura encontrar a resposta, coletando informações teóricas em livros ou outro material, e/ou coletando dados com Participantes. Em se tratando de pesquisa observacional, é uma pergunta que necessita que se faça uma observação sistemática de um ou mais comportamentos de um ou mais Participantes para que a resposta possa ser encontrada. (Se ainda tem dúvida, releia o item 6.1, na 1ª parte deste capítulo).

2. Determinação do(s) objetivo(s). Ao estudar o problema que se propôs, que objetivo(s) você quer atingir? Como já vimos, o objetivo irá determinar todas as escolhas necessárias para o planejamento do seu trabalho. (Se ainda tem dúvida, releia o item 6.1 deste capítulo).

3. Elaboração de um projeto preliminar de trabalho. Inclui, basicamente, os item (e) Introdução e (f) Método, expostos acima. Outras seções podem ser importantes e necessárias, dependendo do uso que você vai fazer do trabalho, ou, se for o caso, de para quem ele vai ser apresentado. Por exemplo, algumas instituições requerem a inclusão de um *cronograma* das atividades a serem executadas, uma previsão do *pessoal* necessário, dos *custos* estimados etc.

4. Realização de uma pesquisa piloto (também chamada pré-teste ou pesquisa-teste) para checar tudo o que foi planejado, em função do que se refaz e aperfeiçoa o Método. Trata-se de uma espécie de "ensaio geral", feito com a finalidade de verificar possíveis falhas e poder evitá-las antes de realizar a pesquisa definitiva, bem como servir de treino para o pesquisador.

5. Coleta de dados, ou obtenção dos registros definitivos. Uma vez que tudo está bem planejado e devidamente testado, é o momento de coletar os dados da pesquisa, conforme informado no item 10 (Obtenção dos registros definitivos), exposto acima.

6. Tratamento dos dados. Conforme exposto em 11 (acima), é o momento de montar as figuras e/ou tabelas que possam sintetizar os dados obtidos. Prefira usar gráficos porque são intuitivos, dispensando análise, em separado, de cada informação, como acontece quando se usam tabelas.

7. Descrição dos resultados. Não basta fazer os gráficos e/ou tabelas e incluí-los ao relatório, mas é preciso descrevê-los, um a um, mostrando as tendências principais que podem ser notadas neles, com vistas a salientar aquilo que pretendíamos encontrar na realização da pesquisa.

8. Discussão dos resultados e conclusões. Esses dois itens podem vir juntos ou serem dados separadamente. Repita o objetivo da pesquisa e diga de que forma os resultados demonstram (ou não) que você atingiu o objetivo pretendido e, quem sabe, se suas possíveis hipóteses – caso tenha formulado – puderam ser comprovadas; discuta de que forma os resultados batem (ou não) com as informações disponíveis nas publicações, ou outro tipo de material, que você consultou.

Informe as conclusões a que chegou, as implicações e as possíveis limitações do seu trabalho. Sugira novas pesquisas e, se houve falha no seu trabalho, não a oculte, mas diga qual foi (muitas vezes as falhas trazem mais informação de interesse do que o próprio trabalho!) e ninguém pode fazer isso melhor do que você que executou todo o trabalho; dê sugestões para saná-la.

9. Revisão do que foi publicado. Essa etapa é feita ao longo de todo o trabalho, junto com as demais etapas e só termina quando você concluiu totalmente o seu relatório! Visa *levantar* a "literatura", as obras pertinentes, bem como *a leitura* e o *fichamento* do que lhe parecer mais importante para a realização de sua pesquisa.

O essencial do que você achar na "literatura" deve compor a Introdução e parte da seção de Discussão, sempre dando o crédito dos autores consultados nas citações (transcrições textuais ou síntese das ideias). E tudo, absolutamente tudo, que você citar no texto de seu trabalho deve constar também da seção de Referências.

Quando se lida com seres humanos, por razões éticas, duas etapas podem ser obrigatórias antes que o trabalho comece, principalmente se ele for uma pesquisa a ser divulgada em congressos científicos, livros, revistas etc. A saber:

10. Aprovação do Comitê de Ética. No Brasil, desde 1996, por norma do Conselho Nacional de Saúde (CNS), do Ministério da Saúde, estabelecida na Resolução 196/1996, posteriormente substituída pela Resolução nº

466/2012[39], a obtenção de dados de pesquisa com seres humanos exige que, antes de tudo, se faça um projeto detalhado e completo a ser submetido e aprovado por um Comitê de Ética, por exemplo: os existentes nas universidades. É para coibir abusos e garantir aos Participantes todos os seus direitos.

[39] Disponível em: htps://conselho.saude.gov.br/resolucoes/2016/Reso510.pdf. Acesso em 17 de junho de 2024.

11. Termo de Consentimento Livre e Esclarecido (TCLE). Os Participantes capazes, ou seus responsáveis, devem assinar um documento que lhes é apresentado pelo pesquisador. Nele todos os esclarecimentos indispensáveis são prestados aos Participantes, por exemplo: objetivo do trabalho, sua metodologia, implicações, consequências, possibilidade de interromper sua colaboração etc. Pelo TCLE os Participantes atestam que concordam com tudo, dispõem-se a participar e autorizam a divulgação dos resultados do trabalho, para fins científicos.

Uma pesquisa observacional completa inclui as seguintes etapas:

1. *Escolha do problema a ser pesquisado;*
2. *Determinação do(s) objetivo(s) a ser(em) buscados;*
3. *Elaboração do projeto preliminar do trabalho a ser feito;*
4. *Realização de uma pesquisa-piloto para testar e aperfeiçoar o projeto;*
5. *Coleta de dados;*
6. *Tratamento dos dados coletados;*
7. *Descrição dos resultados obtidos;*
8. *Discussão dos dados e conclusões;*

9. Revisão da "literatura", do que existe divulgado sobre o assunto;

10. Indicação das referências bibliográficas; (Quando se lida com humanos e, principalmente, se for pesquisa a ser divulgada, também será necessário acrescer o que segue):

11. Aprovação do Comitê de Ética;

12. Termo de Consentimento Livre e Esclarecido, assinado pelo(s) Participante(s) ou seus responsáveis.

Como havia prometido, agora vamos retomar a pesquisa de Jabur (1976), que está no Anexo do livro. Desta vez será necessário lê-la toda para responder às perguntas do Exercício IX, do *Apêndice A*.

Creio que essa será a melhor maneira de você entender plenamente o que foi falado sobre o planejamento e execução de uma pesquisa observacional completa e sobre a maneira técnica de relatá-la, conforme as normas de uso internacional, em boa parte das áreas científicas.

Depois que ler a pesquisa de Jabur e resolver o Exercício IX, compare o que você pensou ou até escreveu (prefiro que me diga que escreveu, para lhe dar os meus parabéns, pois escrever é a forma mais inteligente de fixar o aprendizado) e compare as suas respostas com as que são fornecidas no *Apêndice B*. Fazendo assim, tenho certeza que você não só aprenderá mais coisas, como ficará mais satisfeito consigo mesmo.

POSFÁCIO

Escrevi este livro tal como aquele viajante que percorre um local não muito conhecido, vive nele um bom tempo, a ponto de conhecer alguma coisa sobre esse novo ambiente e, voltando para os seus, se dispõe a dar as dicas para que eles não se percam pelo caminho, saibam os melhores lugares para ir, evitem os erros que ele cometeu, enfim que, em tal local, consigam ter um proveito máximo.

Muita gente, incrivelmente mais capacitada do que eu, entende de observação comportamental. Mas ao tentar ensinar observação a meus alunos, nada encontrei publicado que fosse básico e desse todas as dicas que os professores, principalmente Walter Hugo de Andrade Cunha e Margarida Hofmann Windholz, me ensinaram em suas aulas, ou que, a duras penas, descobri nos trabalhos observacionais da pós-graduação (só vim a conhecê-los aí!), principalmente ao preparar a dissertação de mestrado (Fagundes, 1978) e a tese de doutorado (Fagundes, 1987).

Assim, surgiu este livro: simples roteiro de quem esteve no, então, pouco conhecido e incrivelmente fascinante mundo da observação comportamental e quis partilhar o pouco que aprendeu, para que você e outros consigam ir bem mais além do que eu.

Se leu este livro até aqui, se praticou os exercícios propostos, se teve algum proveito com o que escrevi, ele cumpriu o seu objetivo e me tornou mais feliz.

Ah, se tiver crítica ou sugestão que me permitam melhorar o que escrevi, me mande, sem vacilar, porque periodicamente reviso, modifico e amplio o texto. Desde já agradeço, por mim e pelos futuros leitores.

profjayro@profjayro.com.br

REFERÊNCIAS

Angelini, A. L. (2010). Da Psicologia na USP à criação do Instituto de Psicologia da USP. https://www.ip.usp.br/site/historico-16/

Batista, C. G. (1978). *Catálogo de comportamentos motores observados durante uma situação de refeição*, [Dissertação de Mestrado, Instituto de Psicologia da Universidade de São Paulo]. https://doi.org/10.11606/D.47.1978.tde-12092014-140839 [O catálogo foi refeito e está na íntegra, com acréscimos, no Apêndice deste livro]

Batista, C. G. (2010). Observação do comportamento. *In* Pasquali, L. (Org.), *Instrumentação psicológica: fundamentos e práticas* (p. 273-307). Artmed.

Bijou, S. W., Peterson, R. F., & Ault, M. H. (1968). A method to integrate descriptive and experimental field studies at the level of data and empirical concepts. Journal of Applied Behavior Analysis, 1(2), 175–191. https://doi.org/10.1901/jaba.1968.1-175

Blurton-Jones, N. G. (1971). Criteria for use in describing facial expressions in children. *Human Biology*, 43(3), 365–413.

Cano, D., & Sampaio, I. T. A. (2007, jul./dez.). O método na Psicologia: considerações sobre a produção científica. *Interação em Psicologia*, 11(2), 199-210.

Crocetta, T. B., & Andrade, A. (2014). Software Etholog para avaliação comportamental no contexto esportivo: uma revisão. *Revista Brasileira Ciência e Movimento*, 22(1), 70-80. https://doi.org/10.18511/rbcm.v22i1.4039

Cunha, W. H. A. (1976, jan.). Alguns princípios de categorização, definição e análise de comportamento. *Ciência e Cultura*, 28(1), 15-23.

Danna, M. F., & Matos, M. A. (1982). *Ensinando observação: uma introdução.* Edicon. [Esta foi a 1ª edição, depois substituída por Danna e Matos 2006].

Danna, M. F., & Matos, M. A. (2015). *Aprendendo a observar* (3ª ed.). Edicon.

Fagundes, A. J. F. M. (1978, nov.). Definição e análise de respostas de sorrir em situação de leitura de textos humorísticos. *Psicologia*, 4(3), 53-100. [Publicação, quase na íntegra, da dissertação de mestrado do Autor]

Fagundes, A. J. F. M. (1988). *O sorrir e as respostas que o acompanham*, [Tese de Doutorado, Instituto de Psicologia da Universidade de São Paulo].

Fagundes, A. J. F. M. (2017). Tributo para Dra. Margarida H. Windholz (Maggi), por suas contribuições para a Análise Comportamental no Brasil. *Revista Brasileira de Terapia Comportamental e Cognitiva*, 19(1), 168–175. https://doi.org/10.31505/rbtcc.v19i1.959

Fuchs, H. (1995). Psicologia animal no Brasil: o fundador e a fundação. *Psicologia* USP, 6(1), 15-42. https://doi.org/10.1590/S1678-51771995000100003

Goyos, C. (2024). ABA: Ensino da fala para pessoas com autismo. (2ª reimpressão). Edicon.

Hall, R. V. (1975). *Manipulação de comportamento: a mensuração do comportamento. Parte 1: modificação de comportamento (2ª reimpressão. Tradução Waldir Bettoi).* EPU-EDUSP. [A 1ª ed. é de 1973].

Hinde, R. A. (1966). *Animal behaviour: a synthesis of ethology and comparative psychology.* McGraw-Hill.

Hutt, S. J., & Hutt, C. (1974). *Observação direta e medida do comportamento* (Tradução Carolina Martusceli Bori). EPU.

Instituto Brasileiro de Geografia e Estatística. Conselho Nacional de Estatística. (1967). Apresentação dos dados. *In* Instituto Brasileiro de Geografia e Estatística. *Normas de apresentação tabular* (cap. 9, p. 11-12). https://biblioteca.ibge.gov.br/visualizacao/livros/liv82497.pdf

Jabur, M. O. (1976, out.). Efeitos do local de estudo no comportamento de estudar. *Modificação de Comportamento: pesquisa e aplicação,* (1), 19–32. [Transcrito integralmente no Anexo deste livro].

Mejias, N. P. (1973). *Modificação de comportamento em situação escolar.* São Paulo: EPU.

Núcleo de Análise do Comportamento da Universidade Federal de Santa Catarina. (s.d.). *Operanda: observação direta do comportamento* [Curso de observação excepcional e gratuito]. https://operanda.ufsc.br/curso/observacao-direta-do-comportamento/

Ottoni, E. B. (2000). Etholog 2.2.: a tool for the transcription and timing of behavior observation sessions. Behavior Research Methods, Instruments & Computers, 32(3), 446-449. https://doi.org/10.3758/BF03200814

Resolução nº 510, de 07 de abril de 2016 do Conselho Nacional de Saúde. (2016). Recuperado em 17 de junho de 2024, de https://conselho.saude.gov.br/resolucoes/2016/Reso510.pdf

Rossetti-Ferreira, M. C. T. (1967). *Development of a method for the study of mother-child interation during meal-time,* [Ph.D. Dissertation, University of London].

Rossetti-Ferreira, M. C. T. (1982). *Aumento da interação adulto-criança e criança-criança durante a separação e após o reencontro com a mãe,* [Tese de Livre Docência em Psicologia do Desenvolvimento, Faculdade de Filosofia, Ciências e Letras da Universidade de São Paulo, campus Ribeirão Preto].

Vieira, T. A. M. (1976). *Elaboração de um catálogo de categorias de comportamentos: uma contribuição para o estudo etológico do homem.* 1976. [Dissertação de Mestrado, Instituto de Psicologia da Universidade de São Paulo].

APÊNDICE A

EXERCÍCIOS DE REVISÃO

A maioria dos exercícios, por cobrirem as ideias principais do texto, pode servir, tanto ao aluno quanto a outros eventuais leitores, como uma forma de fixar, aplicar e rever o que foi tratado nos diferentes capítulos, e contribuir para verificar a assimilação das ideias principais do texto.

Haverá um aproveitamento maior, se cada exercício for lido e resolvido após o capítulo para o qual foi proposto.

É de se notar que os exercícios estão redigidos de forma a serem utilizados em sala de aula, geralmente em pequenos grupos, e que alguns supõem a atuação do professor para sua execução completa e correção. Mesmo assim, o leitor interessado, ainda que sozinho, poderá tirar proveito deles, suprindo essas limitações. Para diminuir tais limitações e aumentar o rendimento de todos, a partir da 14ª edição, no *Apêndice B*, são fornecidas as respostas a todos os exercícios, acrescidas de alguns comentários.

Ocorrerá um aproveitamento máximo se você responder às questões e, só depois, ler o que é fornecido no *Apêndice B*.

Vamos nessa?

EXERCÍCIO I

Linguagem científica (Cap. 1)

Muitos verbos expressam ações objetivas, que podem ser diretamente percebidas pelos sentidos (tais como: correr, escrever etc), enquanto outros não (pensar, querer etc). Um certo conjunto de verbos, embora não se refira diretamente a ações observáveis, pode ser "traduzido" por um ou vários verbos ou expressões que significam comportamentos observáveis. Por exemplo, a frase "Pedro gosta de doce" talvez possa ser substituída por: "Pedro fala que gosta de doce", ou "Pedro come sozinho 1/2 quilo de doce e pede mais", ou "Pedro come todo o doce que lhe foi oferecido e põe no bolso 2 outros pedaços do mesmo doce" etc. Na verdade, só usamos a frase "Pedro gosta de doce", depois de ouvi-lo dizer que aprecia doce ou após vê-lo fazer algumas ou todas as coisas que acabamos de mencionar (e se ele não for diabético, não tem problema algum!...).

Para sermos objetivos, só devemos utilizar verbos que expressem ações objetivas, que possam ser diretamente perceptíveis pelos sentidos.

Bem, chega de palavreado e vamos ao trabalho!

A. Indique, na relação que segue, quais as frases, inseridas em seu devido contexto, que poderiam ser empregadas num relato científico.

( ) 1. O ascensorista apertou o botão nº 1 do elevador.
( ) 2. A jovem está imaginando como poderá sair de casa.
( ) 3. Marcos entristeceu-se com a queda do amigo.
( ) 4. José carrega o paletó nos braços.
( ) 5. O empregado manobra o carro.
( ) 6. Filomeno sente calor.

B. Experimente alterar a 6ª frase, de modo a descrever, de forma objetiva, algo semelhante ao que ela está expressando na linguagem corriqueira.

Filomeno..

C. Damos, a seguir, um relato que apresenta várias falhas. Leia-o e, depois, responda ao que lhe é solicitado. Refere-se a duas colegas de um escritório, instantes antes de terminar a jornada de trabalho.

1. Ester digita no teclado do computador. Carla chega até a escrivaninha e diz: "Para mim, basta. Já encerrei o expediente".
2. Ester fica alegre ao ouvir isso. Sabendo que está na hora de ir para casa, também passa a não fazer mais nada. Conversa bastante com Carla.
3. Carla vai até o armário para retirar o seu agasalho.
4. Ester pega o batom e uma caneta, passa no rosto e diz que é para Carla esperá-la.
5. Saem juntas, depois que uma delas escreveu o seguinte bilhete: "Pare de observar a gente, seu psicólogo mixuruca!"

a) No relato, parágrafos 1 a 5, sublinhe os trechos que pecam contra as normas de uma linguagem científica.

b) Diga que normas foram desrespeitadas nos dois primeiros parágrafos da narrativa. Para isso, escreva, acima de cada um dos trechos que você sublinhou nos parágrafos 1 e 2, o nome da norma que foi desrespeitada.

c) Reescreva os parágrafos 3 e 4 de modo que fiquem de acordo com as normas técnicas.

Parágrafo 3:..

....

Parágrafo 4: ....

....

d) Imagine que o relato a respeito de Carla e Ester, que você acaba de analisar, tenha sido extraído da revista *Veja* ou *Play Boy*. Se assim fosse, teria seu inspirado autor a obrigação de seguir as normas de objetividade, exatidão etc? Por quê?:..

....

EXERCÍCIO II

Registro Cursivo (Cap. 1)

Já leu o item 1.5 do Cap. 1, referente a Registro Cursivo de comportamento? Se não o fez, ande logo. Leia-o todo, e com atenção.

Sugere-se que o presente exercício seja realizado por todos, individualmente, em vista da importância de que cada um saiba, e bem, como registrar comportamento, de maneira cursiva.

Para a execução do trabalho, aguarde instruções do professor a respeito de *o quê* e *quem* observar; *onde* e *quando* fazê-lo; por *quanto tempo* etc. Se está praticando sozinho, sem supervisão, tome tais decisões. Após ler as instruções, e baseando-se nelas, complete os itens que seguem:

a. Objetivo da observação:...

b. Situação de observação:...

c. Participante (algum humano) / Sujeito (algum animal) (indique o tipo e número):...

d. Duração estipulada para observação:...

e. ....

f. ....

Findo o preenchimento dos itens acima, está na hora de fazer o seu registro.

1. Estando no local, onde vai realizar a observação, preencha os dados da *Folha de Registro I*, que virá a seguir.

2. Utilizando a técnica de Registro Cursivo, comece a anotar, conforme orientações dadas em 1.6 do Cap. 1, o que faz o seu Sujeito (algum animal) ou Participante (algum humano). Para essas anotações, utilize a 1ª parte da folha.

Durante todo o tempo, repetida e continuamente, observe o Sujeito ou Participante e, logo a seguir, anote rápida e resumidamente o que vê, ouve etc. Nem pense em só observar e, apenas quando tudo terminar, só então, anotar o que se lembrar!

3. Findo o tempo estipulado para a observação, anote a hora em que terminou a observação. Calcule a duração efetiva e indique-a na *Folha de Registro I.*
4. Passe a limpo seu Registro Cursivo, utilizando a 2ª parte da *Folha de Registro I.*
5. Durante o período de observação, esteja bem atento a possíveis interferências, que possam ser feitas com o Sujeito ou Participante. Por exemplo, se o Participante é um professor que está dando uma aula expositiva e, de repente, alguém entra em classe e passa a dar uma série de avisos e ocupa o tempo restante do seu período de observação. Um outro caso: o seu Participante é uma criança que está brincando sozinha. Chega outra criança e passa a mexer nos cabelos da Participante.

Pois bem, tais interferências devem ser anotadas no fim do Relatório, onde está escrito "Notas".

Atenção: a Folha de Registro I, do seu trabalho de hoje, pode ser solicitada para auxiliar a execução de outros exercícios. Por isso, guarde-a bem.

Folha de Registro I

Registro Cursivo

Objetivo:..

Participante:...

Sujeito ou Participante:..

Técnica de observação: Registro Cursivo.

Início:........ **Término:**........ **Duração total:**........ **Data:**....../...../.....

1ª Parte. Registro *provisório* ou rascunho:

....

....

2ª Parte. Registro *definitivo* (passado a limpo):

....

....

Notas (indicação de circunstâncias que pareceram importantes):

....

....

EXERCÍCIO III

Definição de Comportamento (Cap. 2)

1. Vamos agora tentar elaborar melhor a experiência, que lhe foi proposta, de solicitar a várias pessoas que observem e contém o número de vezes que alguém "levanta o braço", sugerida por Vance Hall (1975, p. 9), que pedia para "levantar a mão."

a. Inicialmente um colega servirá como Participante e sem que você tenha combinado o que seja "levantar o braço", esse colega executará 2 a 3 séries de levantar braço, enquanto cada aluno, sem se comunicar com os vizinhos, anotará o número de vezes de "levantar braço" executado pelo Participante. Resposta: levantou .... vezes.

b. A seguir, o total de cada um será comparado e discutido, tentando-se chegar a uma definição comum do que seja "Levantar Braço". Reúna-se com alguns colegas e tente definir "Levantar Braço". Coloque sua definição abaixo:

....

Para o estabelecimento da definição de "Levantar Braço" (e de outras definições que você venha a fazer) recomendamos a leitura das dicas que foram dadas no item 2.3 do Cap. 2.

c. Após ter sido colocada na lousa a definição final de um dos alunos, 1 ou 2 séries de "Levantar Braço" será novamente executada e por todos anotado o número de vezes que ocorrer "Levantar Braço". Foi levantado .... vezes.

d. O ideal é que, após cada rodada de observação, se tente chegar a um consenso a respeito de qual seria a melhor definição de "Levantar Braço" e, aos poucos, se fosse aperfeiçoando-a. Para isso, certamente será necessário a fixação de um ou mais *critérios* práticos, para servir de orientação, para os observadores poderem decidir se aquilo que faz o Participante é ou não uma nova ocorrência de "Levantar Braço".

Por exemplo, se o Participante levanta, simultaneamente, os dois braços, pode-se estabelecer que isso será tido como uma só e não como duas ocorrências.

Outro critério prático, para aumentar a concordância entre observadores, poderia ser: só será considerado como Levantar Braço se ao menos a mão exceder a altura do ombro (do Participante, esteja ele sentado, ou em pé).

e) Quando são muitos os observadores, é normal que alguns tentem registrar aquilo que intuitivamente entendem ser "Levantar Braço", esquecendo-se de se ater estritamente ao que está colocado na definição que foi combinada. Por isso, é bom que os que indicam poucas ocorrências e os que marcam muitas troquem ideias e cheguem a um acordo, alterando a definição e se obrigando a seguir, unicamente, o que ficar estabelecido, só o que estiver na definição.

2. As definições dadas abaixo são de W. C. McGrew. Constam de *Observação direta e medida do comportamento,* de Hutt e Hutt (São Paulo, EPU, 1974).
A parte sublinhada da definição abaixo peca ao menos contra uma das normas que você já conhece:
a. Diga qual é;
b. Justifique sua resposta;
c. Faça, quanto à parte sublinhada, a modificação que achar melhor para saná-la.

- "*Chutar*: estender uma perna subitamente, em geral, forçando contato <u>com um objeto e o dedo</u>, enquanto a outra perna mantém-se no solo".

a. A parte sublinhada peca contra...
b. Porque:..
c. "com um objeto e o dedo" deveria ser modificado da seguinte maneira:...

....

3. Substitua o nome dado à definição que se segue, de forma que a nova denominação seja mais adequada ao que está sendo definido:

- "*Assoprar o Nariz*: forçar o ar, através do nariz, em um objeto".

A denominação mais correta seria:...

4. Conservando a denominação original "Assoprar o Nariz", modifique a definição dada, de forma a expressar exatamente o que a denominação parece indicar...

....

EXERCÍCIO IV

Registro de Evento e Duração (Cap. 3)

Primeira parte

Você é convidado a realizar outros tipos de registros observacionais: Evento e Duração. Para efetuá-los, como já sabe, é preciso definir previamente os comportamentos a serem observados.

Sugestão: tenha consigo a *Folha de Registro I* que você realizou no Exercício II. Relacione abaixo todos os comportamentos que você registrou nele. Por exemplo: "Carlos anda até a porta. Abre a porta e grita: `Zé, me traga café'. Carlos volta até sua mesa. Puxa a cadeira e senta-se". Nesse Registro Cursivo ocorreram os seguintes comportamentos:

1 – andar; 2 – abrir porta; 3 – gritar; 4 – puxar cadeira; 5 – sentar-se.

Se não for possível ter em mãos a Folha de Registro I, procure lembrar-se dos comportamentos ocorridos.

1. *Relação dos comportamentos*

Relacione os comportamentos que registrou na Folha de Registro I. Importante: faça como se exemplificou acima. Use um verbo (no infinitivo) para designar o comportamento e, somente quando for indispensável, use algum complemento ("abrir porta", "puxar cadeira").

....

....

2. *Definição de um comportamento*

A seguir, reúna-se com um outro colega e, em dupla, realizem a presente etapa do trabalho. Se o professor não indicar qual o comportamento a ser definido, escolham um dos comportamentos arrolados ou na sua relação ou do colega e o definam, conforme aprenderam no Cap. 2. Pedimos que ensaiem compor sua definição em um papel à parte. Somente depois de chegar a uma versão final (de preferência depois que o professor examiná-la) é que deverão passá-la a limpo no espaço abaixo:

....

....

Segunda parte

3. Muito bem. Agora que sua definição está pronta, vamos fazer o registro de observação.
4. Aguarde instruções do professor para designar-lhe a situação na qual você fará a observação. De preferência, deveria ser a mesma em que realizou o Registro Cursivo. O professor também dirá que técnica a sua dupla deverá empregar e qual o tempo que deverá durar a observação.
5. Vá até o local que foi designado para a sua dupla fazer a observação.
6. Preencha os dados solicitados na *Folha de Registro II.*
7. Se vai utilizar a técnica de Registro de Duração, prepare o seu relógio, cronômetro ou celular, antes de iniciar a observação.
8. Comece a observar e a registrar o comportamento definido. Toda vez que ele ocorrer, faça um sinal (por exemplo: |) em sua folha (Registro de Evento) ou indique o momento em que começou e terminou ou, simplesmente, a duração de cada vez em que ocorre (Registro de Duração).
9. Importante: cada integrante da dupla deve fazer o seu registro de observação, *independentemente do outro.* Ou seja: você deve ficar numa posição tal que não possa ver o que é que seu companheiro de dupla está anotando.
10. Para que se possa calcular a concordância das observações, cada dupla deve observar o *mesmo* Participante, nos mesmos momentos.
11. Embora cada um dos componentes da dupla tenha registrado o comportamento especificado, apenas um dos relatórios será entregue, o que estiver melhor. Guardem o outro relatório com vocês, pois na próxima atividade de aula vocês vão necessitar da definição feita hoje.

Folha de Registro II

Evento ou Duração

Objetivo:...

Participante:...

Situação de observação: descreva o local brevemente, indicando:

a) O que é, por exemplo: sala de aula: b) *Dimensões* reais (se dispuser de régua ou metro) ou aproximadas, por exemplo: sala retangular de aproximadamente 5 x 12 metros; c) *Mobiliário ou objetos* presentes, por exemplo: aproximadamente 100 carteiras universitárias; d) *Pessoal* presente, por exemplo: o Participante e outros 8 alunos e um professor; e) se for o caso, indique também as pessoas que interagem com o Participante. Por exemplo: o Participante está em um grupo de 4 colegas que conversam entre si; f) Fale sobre a *atividade* desempenhada pelo Participante. Exemplo: atividade livre, no intervalo das aulas; g) Para uma visualização adequada do local e tudo de importante que há nele, é útil fazer um desenho esquemático, um *diagrama (croqui)* da situação, como explicado no Cap. 1, item 7, indicando: a), b), c), solicitado acima, e qual a posição inicial do Participante e do Observador:..

....

Técnica de observação: *Registro*..

Início: .... Término:....... Duração total:....... Data....../...../......

Comportamento(s) observados(s). (Dar definição):

....

....

Comportamento(s)	Frequência ou duração

NOTAS (Indicação de circunstâncias que parecem importantes por afetarem o comportamento do Participante):
(Exemplo: no meio da observação, começou a chover e o Participante passou a correr e escorregou no piso molhado, interrompendo o que estava fazendo)..

....

EXERCÍCIO V

Cálculo de Concordância I (Cap. 4)

Primeira parte

Na primeira parte do presente exercício, você deve trabalhar isoladamente. Sempre que necessário, contudo, poderá recorrer à ajuda de colegas ou professor, além de poder consultar o livro.

1. Resuma as três principais utilizações a que se presta o cálculo de concordância, conforme apontadas pelo Autor:

a. ....

b. ....

c. ....

2. Dois observadores trabalhavam isoladamente na obtenção de dados para uma pesquisa. Comparados os registros, a concordância obtida nas 6 sessões realizadas foi a seguinte:

COMPORTAMENTOS	CONCORDÂNCIA
Divertir-se	56%
Estudar	63%
Trabalhar	91%
Total	71%

a. A concordância global, obtida no conjunto das seis sessões para os três comportamentos, considerados juntos, foi de ....%. Este índice é considerado aceitável? (Sim) (Não).

b. Considere os Índices de Concordância fornecidos e sublinhe o(s) comportamentos(s) relativamente ao(s) qual(is) o desempenho dos observadores pode ser considerado inaceitável.

(Divertir-se) (Estudar) (Trabalhar)

c. Suponha que, nas 6 sessões realizadas, os índices obtidos para os comportamentos "Divertir-se" e "Estudar" foram os seguintes: Divertir-se: 30-35-45 e Estudar: 45-55-65 nas 3 primeiras sessões e nas 3 últimas foi de: Divertir-se: 70-80-85 e Estudar: 80-85-90. Sublinhe as opções corretas:

Nas 3 primeiras sessões, os resultados foram:

(Aceitáveis) (Inaceitáveis); e nas 3 últimas foram: (Aceitáveis) (Inaceitáveis).

d. (Sublinhe a opção correta). Na pergunta c), considerando cada um dos comportamentos das 3 primeiras sessões, de sessão para sessão os observadores foram:

(Melhorando) (Piorando) cada vez mais.

e. Quanto aos dados fornecidos na pergunta c), comparando os resultados das 3 primeiras, com as 3 últimas sessões de "Divertir-se" e de "Estudar" e supondo que a definição desses dois comportamentos permaneceu inalterada durante as sessões, a qual dos fatores, abordados no texto, se poderia atribuir o melhor desempenho observado nas 3 últimas sessões?

....

....

f) Considerando os Índices de Concordância de "Divertir-se" e "Estudar" dados na pergunta c) e sabendo que os índices de "Trabalhar" foram de 80-82-86 nas três primeiras sessões, responda o que se pede a seguir. Se apenas as 3 primeiras sessões tivessem sido realizadas, qual(ais) comportamento(s) provavelmente deveria(m) ser redefinidos(s)?

Sublinhe: (Divertir-se) (Estudar) (Trabalhar)

3. Damos abaixo os dados do Registro de Evento de três observadores independentes (A, B, C). Compare os resultados e calcule a concordância deles, dois a dois, a saber; AB, BC e AC. Para fazer isso, utilize a segunda fórmula, aquela mais simples.

Comportamento: "Cortar com tesoura".

A = 50; B = 10; C = 60

AB = — x 100 = %

BC = — x 100 = %

AC = — x 100 = %

4. Examinando os índices obtidos pelas duplas, na pergunta anterior, identifique qual dos observadores parece ser o responsável pela quebra de concordância e necessitar de mais treino. Sublinhe:

   Observador (A) (B) (C).

Segunda parte

1. Agora que já terminou de responder a todas as questões, vamos corrigi-las. Localize algum(a) colega que você não teve oportunidade de cumprimentar hoje.
2. Vá até ele(a) e proponha a troca de seu exercício com o dele(a). Claro, depois de dizer algumas palavrinhas... Mas, por favor, não é hora de fazer fofocas, seja rápido para iniciar a correção do presente exercício. Forme com ele(a) uma dupla. Durante a correção, discuta com ele(a) o que julgar conveniente e compare as respostas de vocês, com as dadas pelo autor, no *Apêndice B*.
3. Finda a correção, agora sim, continue o papinho que iniciou ao abordar o(a) colega, até que o professor lhe forneça instruções específicas.

EXERCÍCIO VI

Registro a Intervalos e por Amostragem de Tempo (Cap. 3)

O Exercício VI deverá ser feito em duplas. De preferência, as mesmas que realizaram o Exercício IV (Registro de Evento ou Duração). Tenham consigo a definição do comportamento que observaram anteriormente (Reg. de Evento ou Duração). Vão utilizar essa mesma definição no exercício de hoje.

1. Transcrevam para a *Folha de Registro III* a definição do(s) comportamento(s) a ser(em) observado(s). Se o seu é um relógio comum, seria melhor usar intervalos de 15 em 15 segundos, pois facilitará a verificação do tempo. (Um celular com a função "cronômetro" seria a solução).
2. Decidam a *duração do intervalo* a ser empregado (por exemplo: de 10 em 10 segundos, ou de 15 em 15).
3. Após saberem do professor o *local* onde farão a observação, dirijam-se para lá. Ele também informará a respeito da *técnica* que deverão utilizar, do tipo de Participante e da *duração* da sessão.
4. Preencham as informações solicitadas no Relatório (*Folha de Registro III*).
5. Um dos integrantes da dupla deve ter consigo um relógio ou cronômetro. Porque é fundamental os dois operadores iniciarem e terminarem a marcação dos intervalos nos mesmos instantes, sugere-se que uma só pessoa indique a duração dos intervalos. Ela ficará encarregada de avisar ao colega os intervalos estabelecidos. Por exemplo, sendo utilizado o intervalo de 15 em 15 segundos, ao chegar aos 15 segundos dirá "quinze" e assim por diante.

   Fica convencionado que se for Registro a Intervalos, ao ser dito "quinze", neste exato momento, ambos desviarão os olhos do seu Participante e anotarão a ocorrência ou não do(s) comportamento(s).

   Em se tratando de Registro por Amostragem de Tempo, ao ser dito "quinze", ambos olham para o seu Participante mais ou menos durante um segundo e desviam dele o olhar imediatamente, ocasião em que anotam a ocorrência ou não do(s) comportamento(s) e, a seguir, continuam a não olhar para o Participante até que seja dito "trinta". E assim por diante.

6. Comecem a observar e a registrar o(s) comportamento(s) definido(s). Em cada intervalo haverá uma única marca, um "X" ou "1", que indica ocorrência, ou " – " ou "0", que indica não-ocorrência.

7. Se vão observar, simultaneamente, 2 ou mais comportamentos de uma mesma pessoa, é melhor utilizar um código para indicar a ocorrência de cada comportamento. Driblar, Chutar, Fazer Gol poderiam ser codificados como D, C, G. Nesse caso, em cada casela da *Folha de Registro* vocês devem fazer 3 marcas: ou os códigos: "D, C e G", quando há ocorrências; ou "—", quando não há ocorrências. Por exemplo, algo assim:

Minuto	Intervalos			
	15	30	45	60
1	D C –	– C –	– C –	– C G
2	– – –	D – –	– C –	– – –

Folha de Registro III

Intervalos ou Amostragem

Objetivo:..

Participante(s): Forme uma ou mais frases, indicando: a) quantidade de Participantes (se forem mais de um); b) sexo; c) idade aproximada; d) outras características, por exemplo: cor, profissão (se souber) etc Apenas aquelas características que sejam importantes, tendo em vista o objetivo do seu exercício.

Situação de observação: Forme uma ou mais frases indicando o local: *a) o que é; b) dimensões; c) mobiliário ou objetos; d) pessoal* presente; *e) pessoas* que interagem com o Participante; f) *atividade* desempenhada pelo Participante, na ocasião; g) é útil fazer um desenho esquemático *(diagrama ou croqui)* da situação, indicando a), b), c), solicitados acima, e qual a posição inicial do Participante e do Observador (Veja cap. 1, item 7):..

....

Técnica de observação: *Registro*...

Início:........... **Término:**............. **Duração:**............ **Data:**.... /..... /....

Comportamento(s) observado(s): (Dar código, denominação, definição e, se for o caso, o(s) critério(s) de ocorrência)..

....

Minuto	Intervalos			
	15	30	45	60
1				
2				
3				
4				
5				
6				
7				
8				
9				
10				

Notas:..

....

EXERCÍCIO VII

Cálculo de concordância II (Cap. 4)
Registro a Intervalos e por Amostragem

Para responder às perguntas que seguem, se for necessário, consulte o livro, colegas de boa vontade e o professor (se ele estiver de bom humor).

1. Compare os registros dos observadores M e N, dados a seguir:

a. Em apenas um dos registros (só M ou N) faça um círculo nas caselas que representam concordância e um sinal de conferência (um triângulo, traço ou um ponto ou outro sinal) nas caselas que indicam discordância. Se preferir, coloque "C", quando houver concordância, e "D", quando houver discordância. É importante que faça assim, para evitar pular alguma casela, caso a deixasse em branco. Insisto que anote os sinais em apenas um dos registros, que é para garantir que você ao somar, depois, não duplique tudo!

(Legenda: X = ocorrência e – = não-ocorrência)

Observador M (Só marque as concordâncias e discordâncias no registro de **M**)

Minuto	Intervalos					
	10	20	30	40	50	60
1	X	X	–	X	X	–
2	–	X	X	X	X	–
3	X	–	X	X	X	–
4	–	X	–	–	X	–
5	X	X	–	X	–	–

Observador N

Minuto	Intervalos					
	10	20	30	40	50	60
1	X	–	–	–	X	X
2	–	X	X	X	X	–
3	X	–	X	X	–	X
4	–	X	X	–	X	–
5	X	X	–	X	–	–

b. A seguir, calcule o Índice de Concordância dos observadores, para o conjunto completo dos cinco minutos. Para isso, primeiro some as concordâncias, depois as discordâncias e lance os totais no quadro da dupla MN.

Dupla MN de observadores

Concordâncias	Discordâncias	Total	Índice de Concordância

Isso feito, basta aplicar a famosa fórmula e calcular o Índice de Concordância, lançando-o, depois, no quadro da dupla MN.

$$\text{Índ. de Concord.} = \frac{\quad}{\quad + \quad} \text{X } 100 =$$

2. Dois outros supostos registros lhe são apresentados. Calcule o Índice de Concordância para o total dos quatro minutos. Faça-o de duas diferentes maneiras:

a. Para cada comportamento, isoladamente; e

b. Para o conjunto dos comportamentos.

Antes de mais nada, assinale, por exemplo, no registro do observador P, e **apenas nele**, as *concordâncias* (com um círculo) e *as discordâncias* (com outro sinal).

Conte, a seguir, as concordâncias para cada comportamento em separado e lance a soma delas na tabela da dupla dos observadores OP.

Importante: tome cuidado para não se distrair e contar concordâncias de um comportamento juntamente com as de outro.

Proceda da mesma forma relativamente às discordâncias.

Isso feito, some os totais das concordâncias e discordâncias e coloque o resultado na coluna do Total e, se ainda não o fez, some as colunas e lance os totais na linha indicada como "Total Geral" (conjunto dos 4 comportamentos).

Os dados do "Total Geral" é que serão utilizados para responder aos itens (a) e (b) propostos na segunda pergunta.

Legenda: X = ocorrência – = não ocorrência

Observador O

Minuto	Comportamento	Intervalos			
		15	30	45	60
1	Correr	X	X	X	–
	Parar	–	–	–	–
	Andar	–	–	–	X
	Pular	–	X	–	–
2	Correr	–	X	X	–
	Parar	–	–	–	–
	Andar	X	X	–	–
	Pular	–	–	–	–
3	Correr	–	X	X	–
	Parar	X	X	X	–
	Andar	–	–	–	–
	Pular	–	–	–	–
4	Correr	X	X	X	X
	Parar	–	–	–	–
	Andar	–	–	–	–
	Pular	–	X	X	–

Observador P (Marque **só** no registro de **P**)

Minuto	Comportamento	Intervalos			
		15	30	45	60
1	Correr	X	X	X	–
	Parar	–	–	–	–
	Andar	–	–	–	X
	Pular	X	–	–	–
2	Correr	–	X	X	–
	Parar	–	–	–	X
	Andar	–	X	X	–
	Pular	–	–	–	–
3	Correr	–	X	X	–
	Parar	–	X	X	–
	Andar	X	X	X	–
	Pular	–	–	–	–
4	Correr	X	X	X	X
	Parar	–	–	–	–
	Andar	–	–	–	–
	Pular	–	X	–	–

Total Geral da dupla de observadores OP para os 4 comportamentos:

Comportamento	Concordâncias	Discordâncias	Total
Correr			
Parar			
Andar			
Pular			
Total Geral			

Respostas:

a. Para cada um dos comportamentos:

$$\text{Correr} = \frac{\quad}{\quad + \quad} \times 100 = \frac{\quad}{\quad} \times 100 = \quad \%$$

$$\text{Parar} = \frac{\quad}{\quad + \quad} \times 100 = \frac{\quad}{\quad} \times 100 = \quad \%$$

$$\text{Andar} = \frac{\quad}{\quad + \quad} \times 100 = \frac{\quad}{\quad} \times 100 = \quad \%$$

$$\text{Pular} = \frac{\quad}{\quad + \quad} \times 100 = \frac{\quad}{\quad} \times 100 = \quad \%$$

b. Para o conjunto dos quatro comportamentos, o Índice de Concordância dos observadores OP é de:

$$\frac{\quad}{\quad + \quad} \times 100 = \frac{\quad}{\quad} \times 100 = \quad \%$$

EXERCÍCIO VIII

Registradores de comportamento (Cap. 5)

Responda individualmente às questões que se seguem. Para facilitar sua tarefa, verifique no Cap. 5 qual a diferença entre registradores *manuais* e *automáticos*. À medida em que for respondendo, anote dúvidas ou outras questões que gostaria que fossem discutidas na parte final dos trabalhos de hoje.

Até terminar este exercício, você deve ser capaz de formular e escrever ao menos uma questão que queira discutir ou esclarecer.

Utilize os termos "Manual" ou "Automático" para identificar o tipo de registrador que está sendo empregado nos exemplos abaixo:

1. Toda vez que um operário completa a montagem de um novo fogão, seu supervisor aciona um dispositivo que, dessa forma, vai registrando e acumulando o número de peças que cada operário, de uma secção, é capaz de montar, em um determinado período. O dispositivo empregado é um registrador:..

2. O funcionário do Departamento de Trânsito fica parado próximo a uma rua, tendo à mão um registrador. Sua preocupação é contar o número de veículos que trafegam naquela artéria. Toda vez que passa um veículo, ele aciona o seu registrador. Seu registrador é do tipo...................................

3. Em muitos pedágios existem equipamentos, instalados sob o piso, que são capazes de identificar e registrar o número de veículos que passam sobre ele. O referido equipamento pode, de certa forma, ser tido como um registrador... para indicar o número de ultrapassagens de veículos pelo pedágio.

4. Ao passar pela catraca de um ônibus, você mesmo aciona um dispositivo que indica que mais um passageiro está sendo transportado e que vai acumulando o número de passageiros transportados. Tal dispositivo poderia ser considerado como um registrador do tipo.................................. para marcar o número de ultrapassagens das pessoas pela catraca.

5. Depois de bem treinado, certo Observador fica a um canto de algum escritório, anotando a ocorrência de vários comportamentos, previamente especificados e codificados. Assim, cada um dos funcionários observados é designado por um número e cada um dos comportamentos é identificado por uma das letras do alfabeto.

   Utilizando um teclado conectado a um micro ou um dispositivo móvel, como um *palm top*, vai registrando números e letras, descrevendo assim o que acontece e quem executa a ação. Seu dispositivo pode ser tido como um registrador ....

6. Para saber quantas pessoas eram transportadas diariamente pelos elevadores de um prédio, em cada um deles o síndico mandou instalar um equipamento dotado de células fotoelétricas e contadores. Toda vez que o facho luminoso da célula era interrompido pela entrada de uma pessoa no elevador, o contador era acionado. Tal equipamento poderia ser tido como um registrador.................................... para evidenciar o número de ultrapassagens de pessoas pela porta do elevador.

7. Para estudar expressões faciais, um psicólogo vai ao campo de futebol, levando consigo uma boa máquina fotográfica, dotada de teleobjetiva que permite que ele fotografe pessoas que se encontram a grande distância. Ele escolhe alguém para fotografar e toda vez que o seu Participante sorri (principalmente quando há gols de um dos times) ele fotografa as expressões faciais do Participante escolhido, sem que o mesmo se dê conta disso. E tira uma só foto a cada sorriso.

   Dessa maneira, além de fixar de forma duradoura o comportamento exibido, basta olhar no numerador da máquina (que indica o total de fotos que foram batidas) para saber quantas vezes o referido torcedor sorriu. Por ficar bem distanciado do Participante, o observador não será percebido. Com isso, não interfirirá no comportamento do Participante e o mesmo se portará de forma espontânea.

8. Nesse caso, o numerador da câmara fotográfica pode ser considerado como um registrador do tipo...

Justifique sua resposta, quanto aos dois últimos exemplos da pergunta anterior.

6):...

....

7):...

....

9. Está lembrado? Pedimos que anotasse as suas dúvidas ou as questões que gostaria de discutir ao final do exercício. Se ainda não o fez, ainda tem tempo.

Mesmo que não tenha dúvidas, seria bom que apresentasse ao menos uma questão para ser discutida. Vamos tentar?

Transcreva-a no espaço abaixo:...

....

EXERCÍCIO IX

Questões de estudo sobre a pesquisa observacional (Jabur, 1976), dada no Anexo

1. Quem foi o Participante desta pesquisa e quais eram as suas características?
2. Quais eram os problemas que o Participante apresentava, quanto a estudar em casa?
3. Qual o principal objetivo da pesquisa?
4. Onde os dados foram coletados? E por que o foram só nestes locais? E por que não foram coletados na escola da criança?
5. Que comportamentos da criança foram selecionados e definidos para serem observados?
6. Além de comportamentos, a autora selecionou como importantes, e definiu, três classes de eventos. Quais foram eles?
7. Que tipo(s) de registro(s) observacional(is) foi (foram) utilizado(s) pela pesquisadora?
8. Descreva as 4 etapas, existentes no procedimento da pesquisa, indicando, em cada uma delas, (a) *o que* foi feito e (b) *para que* foi feito.
9. Como a pesquisadora testou se suas *definições* das respostas da criança estavam bem-feitas; se os observadores estavam anotando, exatamente, as mesmas coisas que aconteciam e, portanto, se os *dados coletados* pela pesquisadora eram confiáveis?
10. Quais os Índices de Concordância obtidos? Podem ser tidos como satisfatórios?
11. Do procedimento, constava que as sessões de registros de dados só começavam 5 minutos depois que a pesquisadora sentava junto com a criança. Por que acha que isso foi feito? Qual a vantagem de não começar a registrar os dados logo que a criança se sentava?
12. Caso a criança terminasse suas tarefas antes dos 30 minutos estipulados para cada sessão, os dados registrados eram desprezados e uma nova sessão era tentada em outro dia. Justifique a adoção desse procedimento, por parte da pesquisadora.

APÊNDICE B

RESPOSTAS AOS EXERCÍCIOS

Desde a 14ª edição, acatando sugestões de quem tinha feito uso do livro, foram incluídas as respostas aos exercícios que constavam das edições anteriores.

Dentre os nove exercícios propostos no livro, três são destinados a praticar observação e registro de comportamento (II, IV e VI). Requerem a atuação de um supervisor ou professor para sua correção. Para os demais exercícios, contudo, é possível fornecer uma espécie de gabarito para que cada leitor, sozinho, verifique o seu rendimento e possa fazer a correção das respostas que deu a eles. Para esses exercícios, a seguir são dadas sugestões de respostas. Sugestões sim, pois outras respostas também seriam possíveis, desde que o essencial ficasse preservado.

A resposta correta ao que foi perguntado, quase sempre, é apenas aquilo que estará sublinhado no texto. No entanto, a fim de ampliar seus conhecimentos, foram acrescentados alguns comentários.

RESPOSTAS AO EXERCÍCIO I

Linguagem científica (Cap. 1)

A. Frases corretas: <u>1, 4 e 5</u>, porque descrevem ações observáveis diretamente. Já 2, 3 e 6 se referem a estados subjetivos, a experiências particulares das pessoas envolvidas, que não podem ser observadas diretamente. É o caso de "imaginar sair de casa": só posso dizer que ela está "imaginando", se tal pessoa me dissesse isso, que é também o caso de "entristecer-se com a queda do amigo" e de "sentir calor"; nesses dois casos até podem existir alguns sinais observáveis, mas que não são conclusivos. Por exemplo, existem pistas observáveis para se dizer que as pessoas se "entristeceram" (cara de choro, voz embargada etc) ou "sentiram calor", mas como saber, de fato, se é tristeza e se a tristeza é mesmo devido "à queda do amigo" ou se é calor mesmo ou alguma outra coisa?

B. Muitas são as possibilidades para alterar o item 6, de modo a ficar uma descrição objetiva. Duas delas seriam:

- <u>Filomeno diz que está sentindo calor.</u>
- <u>Filomeno retira o agasalho, arregaça as mangas da camisa, passa um lenço na testa, pega uma revista e fica se abanando com ela.</u>

C. Quem frequenta repartições públicas já deve ter presenciado cenas como essas, em fim de expediente, quando "ninguém faz mais nada", ou seja: algumas funcionárias ficam a organizar as coisas que se encontram em suas bolsas, a falar sobre coisas pessoais umas com as outras, como que a esperar a hora de bater o ponto e ir embora... E ai de quem chegar exatamente neste momento! Será ignorado como se fosse invisível... Mas vamos à correção das questões 5 (a) e (b).

1. "<u>escrivaninha</u>" (<u>clareza e exatidão</u>). Se existem várias escrivaninhas no local, o correto é especificar de qual escrivaninha Carla se aproxima; algo como: "Carla chega até a escrivaninha onde Ester se encontra".

2. "Ester <u>fica alegre</u> (<u>objetividade</u>) ao <u>ouvir isso</u> (<u>objetividade</u>)". Em ambos os casos, falta objetividade.

Em "fica alegre", algo ocorreu com Ester que motivou o observador a dizer que ela "fica alegre". Nesse caso, o correto seria descrever tais sinais; por exemplo: "Ester sorri", ou, saindo pela tangente, por não ser o melhor a fazer, dizer algo como: "Ester parece estar alegre".

Pesquisas científicas revelam que bastam 2 centésimos de segundo (eu disse apenas 2 centésimos de segundo!!) para que boa parte das pessoas, examinando as expressões faciais apresentadas por outra pessoa, possa saber, intuitivamente, que sentimentos ela poderia estar experimentando. Mas tais sinais não são inequívocos, alguns aparecem em mais de um sentimento, todos dependem do contexto em que ocorrem, do que aconteceu antes com as pessoas, dependem da maneira como tais pessoas reagem a eles, se as pessoas estão sendo sinceras etc. Então não é totalmente seguro interpretar sinais que traduzem estados subjetivos. Mesmo porque as pessoas também podem exibir tais sinais, por exemplo, de sentimento que aparenta ser de alegria, mas por outros motivos: por zombaria, por brincadeira e, até, para enganar alguém...

Eu conheci uma mulher que não conseguindo atingir o clímax nas relações sexuais com seu parceiro, por amor a ele, pensando que com isso o agradaria, exibia todos os sinais de gozo. Temia desgostá-lo se soubesse que ele não conseguia satisfazê-la... Se você estivesse observando esse casal, através de um espelho de visão unilateral, seguramente diria que ela estava atingindo o orgasmo. Mas não era o que acontecia de verdade... (Não vá pensar que estou dizendo que é para colocar tais espelhos nos motéis e muito menos que aconselho que fique a espionar casais...)

Quanto a "ao ouvir isso", é também uma interpretação subjetiva do observador, que deve ser suprimida do relato. É correto dizer que "Carla falou", mas não posso dizer que "Ester ouviu isso", ela poderia não estar prestando atenção no que a outra disse, não ter percebido que a fala lhe era dirigida e não ter tomado consciência do conteúdo da fala. Mesmo que Carla dissesse: "me empresta seu lápis" e a outra lhe desse o lápis, não pode constar do relato que "Ester ouviu isso", mas apenas que "Ester entregou o lápis para Carla".

Narram-se os fatos, *sem interpretações*, só os fatos que podem ser *constatados pelos sentidos*, na *sequência* em que eles ocorrem.

"Sabendo que está na hora de ir para casa" (objetividade), pois trata-se de interpretação do que foi presenciado e não a própria descrição do que foi visto.

"também" (desnecessário por ser um recurso da linguagem comum). Tire do relato ou coloque aquilo que ele indica ter acontecido: após ter informado que Carla faz X, diga que Ester faz X, mas nunca que Ester ~~também~~ faz X.

"passa a não fazer mais nada" (ser direta ou afirmativa). Deve-se dizer o que faziam e não o que *não* faziam.

"Conversa bastante (clareza e exatidão) com Carla". O que é "bastante", como indicar isso? Melhor dizer: "Conversa com Carla" ou "Conversa com Carla aproximadamente 5 minutos", ou coisas semelhantes.

3. "Carla vai até o armário" (clareza e exatidão). Se o armário é o único na situação, é correto relatar assim. Seria, então, necessário indicar isso na Folha de Registro, antes de começar a observação, e num croqui descrever o ambiente da observação, o mobiliário existente, a posição inicial dos Participantes no momento em que começou o período de observação, e tudo o mais que fosse importante.

"para retirar"(objetividade/finalismo). Só dizemos isso quando presenciamos a ida ao armário e a posterior retirada do agasalho. Suprima o "para" e deixe só "retira".

"o seu agasalho" (objetividade). Como sabe que o agasalho é dela? Diga apenas "retira um agasalho". Pode ser que ela tenha pego o agasalho do armário e o tenha vestido, ou colocado na bolsa que estava com ela, ou o tenha posto sobre os ombros, ou dependurado num dos braços. Então o observador concluiu que o agasalho era dela. Se fosse esse o caso, deveria descrever só o que presenciou, sem fazer inferência de que ela era a dona da vestimenta: "retira um agasalho e o veste" (quem garante, ainda, que, mesmo tendo vestido o agasalho, ele não seria de sua irmã, mãe ou até emprestado de outra pessoa?).

4. "Passa no rosto" (clareza e exatidão). Passa o batom ou a caneta? Em que parte do rosto ela passa, nos lábios, numa das bochechas, na testa, na ponta do nariz?

5a., 5b. "Depois" (desnecessário, por ser um recurso da linguagem comum). Suprima. Por sinal, o correto seria, primeiro, dizer que escreveu o bilhete e, depois, informar que saíram juntas, pois os fatos devem ser narrados na *ordem* em que aconteceram.

"uma delas" (clareza e exatidão). Deveria indicar qual das duas pessoas escreveu o bilhete de gozação.

Quanto ao conteúdo do bilhete, nada a opor. O que quer que ela tivesse escrito poderia ser transcrito no registro, mesmo que fosse uma maluquice como esta: "Sou uma vampira e vou sugar seu sangue, seu psicólogo vagabundo". (Mesmo que você não concorde que ela fique xingando você, pode registrar o que ela escreveu... Agora se está chateado porque ela não vem tentar sugar seu sangue, use a imaginação e resolva o caso).

5c. Quanto a reescrever os parágrafos 3 e 4, já ficou bem fácil, depois de todas as dicas acima. Muitas são as possibilidades. Uma delas seria:

"Carla vai até o armário marrom e retira um casaco de lã."

"Ester pega um batom e uma caneta, da bolsa que tem no colo, passa o batom nos lábios e diz..."

D. Se o relato foi publicado numa dessas duas revistas que usam (e abusam, às vezes) da linguagem comum, seria natural que o autor deixasse o texto como está, já que os jornalistas não necessitam seguir as normas do linguajar científico, quando escrevem para seus veículos de comunicação.

RESPOSTAS AO EXERCÍCIO III

Definição de comportamento (Cap. 2)

2. a. "com um objeto e o dedo" peca contra clareza e exatidão.

b. A razão é que não fica claro como é que ocorre o contato do objeto com o pé. Ninguém precisa ser um Pelé ou um Neymar para saber que pode chutar algum objeto de muitas maneiras: com a ponta do pé ("de bicuda", como muitos dizem), com uma ou outra das laterais do pé, ou com o dorso do pé, com o calcanhar e até não seria impossível de fazê-lo com a sola do pé, quer fazendo o contato com a sola, região abaixo do calcanhar, empurrando o objeto para frente de quem chuta, quer fazendo contato com a sola, região abaixo dos dedos, deslocando o objeto para trás do jogador. Se tantas são as modalidades possíveis, é preciso melhorar a definição de "Chutar".

(Se preferir trocar o "chutar... objeto" por "chutar... bola", terei que defender o autor da definição. Afinal a bola é apenas uma das coisas ou "objetos" que a gente pode chutar. Posso chutar bola, pedra, graveto etc. Ou ponho tudo isso na definição, ou deixo de modo genérico, como feito pelo autor: "chutar... um objeto".

Chutar o gato ou a canela de alguém caberia na definição? Não, enquanto aqui se trata de seres animados e os objetos, que são abrangidos pela definição, são seres inanimados. Ainda assim, a definição do autor é válida, se proposta para uma situação em que só seres inanimados serão observados sendo chutados.

c. Em assim sendo, ou coloco todas essas possibilidades na definição, ou digo algo mais simples: "com qualquer parte do pé". Contudo, o certo mesmo depende dos particulares objetivos do uso que se vai fazer com a definição.

3. Conservando-se a definição dada, a melhor denominação para ela seria "Assoar o nariz".

Embora não tenha sido solicitado, poder-se-ia definir tal comportamento como segue:

- "Assoar o nariz": Estando a pessoa com um lenço (ou papel toalha, ou papel higiênico), junto ao nariz, forçar o ar através do nariz, resultando, geralmente, lenço umedecido com muco nasal.

4. Conservando a denominação original, vejo duas possibilidades de alguém "Assoprar o nariz": assoprar o próprio nariz ou o de terceiros.

Você deve estar se perguntando que loucura é essa de "Assoprar o nariz de terceiros?" Uma das possibilidades de praticá-la eu costumava empregar, quando brincava com minha netinha, quando ela tinha pouco mais de um ano, e eu assoprava o nariz dela. Gostava tanto, e pedia para eu repetir tantas vezes, que eu até chegava a ficar sem fôlego... (Bem, o sem fôlego é exagero, mas às vezes dava para eu me cansar e pedir para brincarmos de outra coisa).

Vou ficar com a primeira possibilidade de entendimento da denominação proposta. Uma forma de definir poderia ser:

- "Assoprar o próprio nariz: projetando o maxilar inferior e orientando o lábio inferior na direção do nariz, expelir ar pela boca.
- Outra maneira de fazê-lo: "Assoprar o próprio nariz: estando fechada a boca, extrojetar a língua, orientando sua extremidade livre na direção do nariz, e expelir ar pela boca.

— Ah, professor, se está com a boca fechada, como é que vai conseguir "expelir ar pela boa"?

— Gente "cri-cri" complica tudo! Ao "extrojetar a língua" e "expelir ar pela boca", o ar forçará passagem, provocando uma abertura mínima. Satisfeito(a)?

RESPOSTAS AO EXERCÍCIO V

Cálculo de Concordância I (Cap. 4)

1. As três principais utilizações do cálculo de concordância são:

a. Medir a confiabilidade dos registros dos observadores. Se os índices são altos (a partir de 70%), pode-se confiar nos registros obtidos.

b. Indicar que definições ou categoria(s) comportamentais são mais difíceis de serem observada(s) e que talvez devam ser redefinidas.

c. Sugerir quando encerrar o treino dos observadores. Se os índices são altos (a partir de 70%), podemos considerar treinados os observadores e iniciar as sessões de observação. Se forem baixos (menos de 70%), mostram que eles ainda precisam de mais treino e que ainda não é o momento de começar as sessões definitivas.

2. a) A concordância foi de 71%. (Sim) Esse índice é aceitável, pois o critério estabelecido é de no mínimo 70%.

b) O desempenho inaceitável é quanto a (Divertir-se) e (Estudar), pois ambos estão abaixo de 70%.

c. Nas 3 primeiras sessões, os resultados foram (Inaceitáveis) e nas últimas sessões os resultados foram (Aceitáveis), considerando-se o critério de no mínimo 70% de concordância entre os observadores.

d. De sessão para sessão, os observadores foram (melhorando), pois houve um aumento constante nos índices de concordância.

e. Comparando-se os resultados das 3 primeiras com as 3 últimas sessões do comportamento de "Divertir-se" e fazendo o mesmo com "Estudar", e supondo que a definição destes 2 comportamentos ficou inalterada durante tais sessões, o melhor desempenho obtido nas últimas sessões deve ser atribuído ao aumento de treino dos observadores. Por sinal nota-se que a melhora ocorreu já na segunda sessão, e continuou de sessão para sessão até a última delas.

f. Se nas 3 sessões iniciais de "Divertir-se", "Estudar" e "Trabalhar" os índices de concordância foram, respectivamente, 30-35-45, 45-55-65 e 80-82-86, e se essas fossem as únicas sessões realizadas, os comportamentos que deveriam ser redefinidos, antes de se tentar obter os dados definitivos desejados, seriam os dois primeiros: "Divertir-se" e "Estudar", pois os índices se encontram abaixo do que se deve aceitar, abaixo de 70%.

3.

Observadores AB $= \frac{10}{50} \times 100 = 20\%$

Observadores BC $= \frac{10}{60} \times 100 = 16\%$

Observadores AC $= \frac{50}{60} \times 100 = 83\%$

4. Comparando-se os índices das duplas dos observadores, nota-se que o responsável pela diminuição de concordância entre eles é o Observador B, já que, quando ele está presente, cai o índice (20% e 16%) e, quando está ausente, aumenta a concordância (83%). Ele deveria ser retreinado, discutindo-se com ele as categorias definidas e os critérios estabelecidos. Deveria ser indagado sobre o porquê de estar anotando ocorrências e/ou não ocorrências, naquelas caselas. Seria importante trocar ideias com ele se no local onde ele fica para observar é difícil de ver o que ocorre; simular a ocorrência dos comportamentos em que mais falha e conferir se ele anota corretamente; se está encontrando dificuldade com a Folha de Registro etc.

RESPOSTAS AO EXERCÍCIO VII

Cálculo de Concordância II (Cap. 4) Registro a Intervalos e por Amostragem

1. a. Comparando os registros dos observadores M e N, temos as seguintes concordâncias (O) e discordâncias (Δ), que estão assinaladas, no registro de M.

Observador M

Minuto	Intervalos					
	10	20	30	40	50	60
1	⊗	X Δ	⊖	X Δ	⊗	— Δ
2	⊖	⊗	⊗	⊗	⊗	⊖
3	⊗	⊖	⊗	⊗	X Δ	— Δ
4	⊖	⊗	— Δ	⊖	⊗	⊖
5	⊗	⊗	⊖	⊗	⊖	⊖

b. O total é o seguinte:

Concordâncias	Discordâncias	Total	Índice de Concordância
24	6	30	

Procedendo aos cálculos, teríamos:

$$\text{Índice de Concordância} = \frac{24}{24+6} \times 100 = 80\%$$

2. Para cada comportamento, as concordâncias (○) e discordâncias (Δ) da dupla de observadores OP estão indicadas a seguir:

Observador P

Minuto	Comportamento	Intervalo			
		15	30	45	60
1	Correr	ⓧ	ⓧ	ⓧ	⊖
	Parar	⊖	⊖	⊖	⊖
	Andar	⊖	⊖	⊖	ⓧ
	Pular	X Δ	– Δ	⊖	⊖
2	Correr	⊖	ⓧ	ⓧ	⊖
	Parar	⊖	⊖	⊖	X Δ
	Andar	– Δ	ⓧ	X Δ	⊖
	Pular	⊖	⊖	⊖	⊖
3	Correr	⊖	ⓧ	ⓧ	○
	Parar	– Δ	ⓧ	ⓧ	⊖
	Andar	X Δ	X Δ	X Δ	⊖
	Pular	⊖	⊖	⊖	⊖
4	Correr	ⓧ	ⓧ	ⓧ	ⓧ
	Parar	⊖	⊖	⊖	⊖
	Andar	⊖	⊖	⊖	⊖
	Pular	⊖	ⓧ	– Δ	⊖

O Total Geral é o seguinte:

Comportamento	Concordâncias	Discordâncias	Total
Correr	16	0	16
Parar	14	2	16
Andar	11	5	16
Pular	13	3	16
Total	54	10	64

2. a. Fazendo-se os devidos cálculos, temos:

$$\text{Correr} = \frac{16}{16+0} \times 100 = \frac{16}{16} \times 100 = 100\%$$

$$\text{Parar} = \frac{14}{14+2} \times 100 = \frac{14}{16} \times 100 = 87{,}5\%$$

$$\text{Andar} = \frac{11}{11+5} \times 100 = \frac{11}{16} \times 100 = 68{,}7\%$$

$$\text{Pular} = \frac{13}{13+3} \times 100 = \frac{13}{16} \times 100 = 81{,}2\%$$

b. Para o conjunto dos 4 comportamentos, o Índice de Concordância dos observadores OP é de:

$$\frac{54}{54+10} \times 100 = \frac{54}{64} \times 100 = 84{,}3\%$$

RESPOSTAS AO EXERCÍCIO VIII

Registradores de comportamento (Cap. 5)

1. O dispositivo empregado é Manual porque é acionado pelo supervisor e não pelo próprio comportamento do operário, ao completar a montagem de cada peça.

2. É Manual, pois o acionamento do dispositivo de contagem de cada veículo é feito pelo funcionário do Detran e não pelos próprios carros ao trafegarem pela rua.

3. Automático, já que é a própria passagem do veículo, sobre o dispositivo instalado sobre o piso, que dispara o mecanismo de contagem.

4. Automático, uma vez que é o passageiro quem faz funcionar o equipamento, que conta e acumula o número de ultrapassagens, que indica a quantidade de passageiros transportados.

5. Manual, porque é o Observador quem registra as ocorrências, no escritório.

6. Automático.

7. Manual.

8. 6) Automático porque *é o próprio usuário do elevador que dispara o mecanismo, ao entrar,* e não o síndico ou algum funcionário do prédio.

7) Manual porque *é o fotógrafo quem manipula o numerador* e não o torcedor com seus sorrisos.

RESPOSTAS AO EXERCÍCIO IX

Questões de estudo sobre a pesquisa observacional (Jabur, 1976), dada no Anexo

O essencial das respostas às questões deste exercício encontra-se fora dos parênteses, os quais encerram comentários feitos para ampliar seu conhecimento sobre o assunto.

1. A Participante estudada na pesquisa de Jabur (1976) era uma criança de 12 anos de idade, sexo feminino, aluna da 5ª série do 1° grau de um colégio particular, com problemas de estudar em sua casa. (A resposta está no Método, no item Sujeito).

2. Os problemas apontados pela autora, quanto a criança estudar em sua casa, foram os seguintes:

   Gastar a maior parte do tempo, que permanecia em casa, com livros e cadernos escolares;

   Fazer as tarefas escolares, sem método algum, em 3 locais de sua casa;

   E não conseguir uma boa avaliação por parte da professora. (Confira Método, Sujeito.)

3. (Conforme dado no início do Resumo e ao final da Introdução de Jabur), o principal objetivo da autora era determinar qual o local mais apropriado para uma criança com hábito de estudo inadequado vir a estudar, em sua própria casa.

4. Os dados da pesquisa foram coletados numa situação natural da criança, em sua própria casa, em 3 ambientes: copa, quarto de estudos e quarto de dormir. (Confira Situação, em Método; ou Resumo).

   Os dados não foram coletados na escola da criança, mas em sua própria casa, em função do objetivo estabelecido para a pesquisa.

5. Foram selecionadas e definidas duas classes de respostas apresentadas pela criança: (a) o Estudar e (b) as respostas incompatíveis com o Estudar, que a autora chamou de Respostas Inadequadas (Olhar Dispersivo, Movimentação Dispersiva, e Verbalização Dispersiva).

6. Além dos comportamentos, foram selecionadas e definidas três classes de eventos: Estimulação Visual, Auditiva e Social.
7. A autora utilizou dois tipos de registro: Registro Cursivo e a Intervalos (de 10 segundos, em Sessões diárias de 30 minutos).
8. O procedimento constou de 4 etapas:

8.1 Primeira etapa

- *O que foi feito.* Coleta de dados, sobre o comportamento de Estudar, feita diariamente, por 2 meses. Usou-se a técnica de Registro Cursivo e (depois que o repertório comportamental ficou estabelecido, e foram selecionados os comportamentos mais significativos e que eles foram definidos) usou-se o Registro a Intervalos (de 10 segundos, em sessões diárias de 30 minutos).
- *Para que foi feito.* Para identificar as respostas a serem observadas. (Foram escolhidas duas grandes classes de respostas: Estudar e Respostas Inadequadas, aquelas que eram incompatíveis com o Estudar.)

8.2 Segunda etapa

- *O que foi feito.* Dois observadores (a pesquisadora e a irmã da Participante), simultaneamente registravam o que fazia a criança, nas ocasiões em que deveria estudar.
- *Para que foi feito.* Para testar a confiabilidade (fidedignidade) das definições dos comportamentos (bem como dos registros dos observadores).

8.3 Terceira etapa

- *O que foi feito.* Durante uma semana a pesquisadora registrou a criança, nas ocasiões em que deveria estudar, e lhe deu a instrução para que estudasse sozinha.
- *Para que foi feito.* Testar se as folhas de registro (os protocolos de registro) estavam boas e se a instrução oral dada para a criança estava adequada (compreensível para ela e se produzia o resultado esperado).

8.4 Quarta etapa

- *O que foi feito.* Foram realizadas 15 sessões da coleta de dados, nos 3 locais de estudo, 5 em cada um deles, sempre com 30 minutos de duração, sendo uma sessão por dia.

- *Para que foi feito.* (Uma vez que foram testadas e aprovadas as definições, a instrução para a Participante, o treino do observador e demais detalhes do procedimento, o pesquisador sentiu-se seguro do que tinha planejado e confiante em passar à última etapa da pesquisa). A quarta etapa foi feita para coletar os dados (necessários para se tentar descobrir qual o local mais apropriado para aquela criança, com hábitos de estudo inadequados, vir a estudar).

9. A irmã da Participante serviu como uma segunda observadora em 3 sessões. Com os dados registrados pela pesquisadora e pela irmã, foram calculados os Índices de Concordância, que permitiriam testar as respostas definidas, saber se os Observadores estavam registrando as mesmas coisas, e se os registros feitos pela pesquisadora eram confiáveis.

(Note que só a pesquisadora coletou todos os dados de que tinha necessidade, em 15 sessões. Os dados colhidos pela segunda observadora só cobriram 3 sessões, das 15 que a pesquisadora planejou. Esse é um procedimento comum, quando não dá para ter dois observadores o tempo todo: emprega-se um segundo observador em algumas sessões, e tais dados servem só para informar se tudo está bem e se, portanto, a gente pode confiar nos registros do observador principal, que no nosso caso foi a pesquisadora. Os dados do segundo observador não são incluídos nos resultados).

10. Foram obtidos os seguintes Índices de Concordância: 93% na Copa; 96% no Quarto de Estudar e 98% no Quarto de Dormir. Sendo satisfatórios todos eles, pois acima de 70% (indicando que os dados colhidos pela pesquisa eram confiáveis).

11. (Embora a pesquisadora não explique, o que ela fez é interessante e demonstra o seu cuidado em fazer um trabalho bem feito). Vantagem: ela não anotava as respostas que ocorriam nos 5 minutos iniciais de cada sessão para dar um tempo de ambientação à situação, tanto para a criança como para ela, e um tempo para que uma se acostumasse com a presença da outra.

12. (Esta questão também não tem resposta no texto da autora, mas dá para entender o motivo e justificá-lo, por demonstrar a preocupação da pesquisadora em fazer um trabalho bem-feito). Se a criança terminasse suas tarefas antes dos 30 minutos estipulados para a duração da sessão, os dados anotados eram desprezados porque a autora queria que todas as sessões tivessem a mesma duração, para possibilitar uma comparação perfeita entre elas. (Por exemplo, 10 respostas de Estudar numa sessão de 10 minutos e 10 respostas de Estudar noutra de 30 minutos são coisas bem diferentes e têm que ser interpretados de modo diverso. Manter todas as sessões com duração igual, apesar de ser a opção mais trabalhosa, valoriza o procedimento e facilita o tratamento e interpretação dos dados).

➤INFORMAÇÃO COMPLEMENTAR

Não posso deixar de fazer um último comentário sobre a pesquisa de Jabur.

Reparou, logo no início do Anexo, qual é a qualificação da autora da pesquisa que estamos analisando? Seria uma professora ou alguma pós-graduanda da PUC-SP? Nada disso! Na época, Jabur era apenas uma aluna do curso de Psicologia. Não só conseguiu fazer um belo trabalho como até chegou a publicá-lo numa revista científica. É um exemplo bastante animador para todos, principalmente os que ainda estão cursando uma graduação.

APÊNDICE C

CATÁLOGO DE COMPORTAMENTOS MOTORES

NOTA EXPLICATIVA

A partir da 17ª edição deste livro, um vasto Catálogo de comportamentos motores é-lhe acrescentado. Trata-se de material que tomou por base a pesquisa de mestrado da psicóloga Cecília Guarnieri Batista[40], minha ex-colega de pós-graduação no Departamento de Psicologia Experimental, do Instituto de Psicologia da Universidade de São Paulo.

O material ora apresentado resulta da comparação com a versão ligeiramente alterada, publicada pela autora algum tempo depois (Batista, 1980), e da revisão e ampliação que fiz, com a aprovação da Cecília, que também refez parte das definições. Assim, algumas das antigas 142 definições foram abandonadas e outras lhe foram acrescentadas, totalizando 155 definições que foram revistas, na 18º ed. do livro, resultando em pequenas modificações em algumas delas. Nesta 19º edição, nova revisão foi feita em todas as definições e – atendendo a pedidos – mais algumas lhe foram acrescentadas, totalizando, agora, 161 definições. É o nosso propósito, a cada nova edição, ir ampliando a quantidade de definições deste Catálogo.

Reproduzo essa listagem porque nem sempre os pesquisadores dão a conhecer as definições que usaram e, principalmente,

[40] Se quiser conhecer toda a dissertação de mestrado da Cecília, é possível, pois a fiz incluir no portal de dissertações e teses da USP: http://www.teses.usp.br/teses/disponiveis/47/47132/tde-12092014-140839/pt-br.php.

Se você é do tipo que prefere ter o material impresso em mãos, saiba que existem exemplares, na biblioteca do Instituto de Psicologia da USP, que podem ser consultados lá ou por meio de empréstimo, via correio, se a biblioteca da sua faculdade fizer parte do COMUT (Programa de Comutação Bibliográfica).

porque são raros os trabalhos que estabeleceram um conjunto tão amplo de definições comportamentais, como, por exemplo, Vieira (1978) e Batista (1978) e, além do mais, geralmente são de acesso restrito, por serem dissertações ou teses acadêmicas, disponíveis quase que só nas instituições de origem.

As definições deste catálogo se prestam para serem usadas em infindáveis ocasiões, além daquela na qual surgiu. No mínimo, o Catálogo servirá como modelo ou inspiração para os que precisam definir outros comportamentos que pretendem observar em suas pesquisas.

Algumas dessas definições já são do seu conhecimento, pois foram analisadas no Cap. 2 do presente livro.

Estabelecer esse rol de comportamentos foi uma *primeira etapa* do trabalho da Cecília[41] para, num segundo momento, ela fazer *uma análise da interação entre pais e filhos pequenos*, que ocorre em um ambiente natural, durante uma refeição. Fazendo uso do registro dos comportamentos do Catálogo, a análise dela pôde ficar fundamentada na profusão dos dados coletados e não em simples suposições, ou só nos relatos dos pais, o que possibilitou a ela tirar conclusões mais seguras sobre a interação existente.

Como resultado da primeira parte de tal pesquisa, surgiu o presente inventário de comportamentos, que foi reformulado e ampliado. Ele se presta para ser usado em numerosíssimas outras ocasiões, além das situações de refeição, porquanto apenas cerca de 19% delas dizem respeito a coisas que só ocorrem durante as refeições, enquanto que as cerca de 81% restantes acontecem em muitíssimas outras ocasiões.

Espero que tais definições sirvam para o seu uso nas pesquisas que vier a realizar ou de inspiração para a feitura daquelas que forem necessárias criar para elas.

[41] Em seu trabalho, Cecília observou quatro famílias que serviram como *Participantes*, cada qual com dois filhos pequenos, sendo que em duas delas só foi observado o filho mais velho, pois os dois outros não participavam das refeições. As crianças tinham de 1 ano e 6 meses a 4 anos e 4 meses de idade. Três crianças eram meninas e três, meninos.

Situação: os comportamentos dos Participantes foram registrados na hora do almoço, na casa de cada família, na copa ou na cozinha, num total de 26 sessões, cerca de cinco a seis sessões por família. Em todas as ocasiões esteve presente a mãe; o pai compareceu à maioria ou à totalidade das sessões.

A *técnica de observação* adotada foi a de Registro Cursivo e a autora fez uso de um gravador para documentar os comportamentos vocais.

CATÁLOGO DE COMPORTAMENTOS MOTORES

Cecília Guarnieri Batista[42]

Antônio Jayro da Fonseca Motta Fagundes

1 APRESENTAÇÃO

Nos anos 70, no início do curso de pós-graduação em Psicologia Experimental, do Instituto de Psicologia da Universidade de São Paulo (IP-USP)[43], várias perspectivas teóricas eram apresentadas aos alunos, dentre as quais a *Etologia* e a *Análise do Comportamento*.

A primeira teve como pioneiro o professor Walter Hugo de Andrade Cunha, que dava, na ocasião, os primeiros passos dessa ciência entre nós, e que ministrava uma disciplina sobre Observação do Comportamento Animal, que constava de atividades de campo (observação de uma colônia de formigas saúvas) e de discussões teóricas e práticas sobre Etologia e sobre o método de observação do comportamento na perspectiva etológica.

Ao mesmo tempo, a *Análise do Comportamento*, em sua vertente aplicada, buscava formas de registro do comportamento humano em situações naturalísticas. Era ne-

[42] Cecília se aposentou do Departamento de Desenvolvimento Humano e Reabilitação, da Faculdade de Ciências Médicas, da Universidade Estadual de Campinas (Unicamp). Querendo contatá-la, faça uso do *e-mail*: cecigb21@gmail.com

[43] Esse curso teve início em 1970, ano em que nele fui admitido (cara de sorte, hein, começar logo quando eu precisei!). Quer saber como ele principiou? Veja no QR-Code abaixo: https://www.ip.usp.br/site/historico-16/ Acesso 6 de setembro de 2024.

cessário criar novas estratégias de observação, uma vez que não era viável manter o modelo de estudo da frequência de uma resposta registrável de forma automática, como era feito nos laboratórios de estudo do comportamento operante. Havia a preocupação com a análise de contingências, que deveria ser feita a partir de anotações sobre eventos antecedentes, respostas e eventos consequentes.

As duas abordagens eram apresentadas pelos diferentes professores do curso, de forma a destacar suas diferenças teóricas e metodológicas. Entretanto, tentativas de apropriação dos conhecimentos veiculados por esses professores levaram a experiências variadas de utilização do método observacional, do qual é um exemplo o presente Catálogo, que constituiu dissertação de mestrado[44], orientada pela professora Maria Amélia Matos, uma das pioneiras da Análise Experimental do Comportamento no Brasil.

Uma das características do catálogo é a organização das definições em agrupamentos, de forma que todos os termos estejam definidos e que sejam explicitadas as relações entre os mesmos. Tal sistematização favorece a adaptação do catálogo para uso em diferentes situações de observação.

2 DEFINIÇÕES AGRUPADAS

Os nomes de todas as definições existentes no presente Catálogo estão dispostos em ordem alfabética, para facilitar a devida localização. Alguns nomes, contudo, estão desacompanhados de definição, porque elas foram colocadas junto de outras, com as quais elas se relacionam, formando agrupamentos complementares, por exemplo, as que designam coisas opostas.

[44] A referência completa da dissertação é a seguinte: Batista, Cecília Guarnieri. Catálogo de comportamentos motores observados durante uma situação de refeição. 1978. Dissertação (Mestrado em Psicologia Experimental) - Instituto de Psicologia, Universidade de São Paulo, São Paulo, 1978. Disponível em: http://www.teses.usp.br/teses/disponiveis/47/47132/tde-12092014-140839/. Acesso em: 11 jul. 2024.

É o caso do agrupamento Erguer o Braço/Abaixar o Braço. Como as duas definições são dadas juntas, a denominação Erguer o Braço está acompanhada da sua definição e seguida do nome e definição da que a complementa, a de Abaixar o Braço. Ao se examinar, na ordem alfabética dos nomes do Catálogo, a denominação Abaixar o Braço, ela, entre parênteses, será seguida da indicação: (def. agrupada com Erguer o Braço), significando que a respectiva definição de Abaixar o Braço está junto com a de Erguer o Braço.

3 DEFINIÇÕES ESTRUTURADAS EM TRÊS TERMOS

Todas as definições do Catálogo estão estruturadas a modo de três termos: Condição Antecedente, ou Condição (C), Resposta (R) e Produto Subsequente ou Produto (P).

- C - *Condição* se refere àquelas coisas ou ações que são indispensáveis existir ou acontecer *antes*, para que seja possível, depois, a ocorrência da Resposta. Tais *coisas* (por exemplo: *objetos* e/ou *partes do corpo* envolvidas na Resposta) são descritas na definição em seu estado atual, como estavam imediatamente antes da Resposta; e as ações são descritas na definição como já ocorridas, precedendo a Resposta.

  Por exemplo: para poder "Abotoar" uma camisa, é indispensável que:

  a. Dois *objetos*, as duas partes da camisa (uma com casa e outra com botão), estejam superpostas;

  b. E presas entre os dedos de uma ou ambas as mãos (as partes do corpo envolvidas na Resposta).

Por vezes, a Condição é *desconhecida* ou não *antecede sempre* a Resposta, e isso é indicado com um travessão (–), que é o caso de "Espirrar", pois o que antecede o espirro são alterações internas, não observáveis diretamente.

- **R** - *Resposta* é a *ação* executada, que é *objeto da observação*; é a descrição dos *movimentos* ou *deslocamentos* realizados, que caracterizam a Resposta, estando partes do corpo prendendo ou não objetos.

Em alguns casos, como em "Lacrimejar", a Resposta *não é passível de observação direta*, e é indicada com um travessão (–), mas como o seu produto é observável, ele é descrito (a secreção das lágrimas sobre o globo ocular ou escorrendo pela face). [A Condição para o "Lacrimejar", por não ser sempre a mesma, também é indicada com um travessão (–)].

- **P** - *Produto* é o resultado, o efeito, a *consequência ambiental* que *sempre* se segue à Resposta executada (por exemplo: os sons da emissão de sílabas e palavras, no "Falar") e não apenas as consequências que são prováveis de acontecer, mas *não ocorrem sempre.*

Em alguns tipos de Resposta, *não existe,* ou *não é facilmente detectável,* ou *não é constante,* um efeito ambiental que possa ser percebido (por exemplo, no "Olhar"). E isso é indicado com um travessão (–).

4 DEFINIÇÕES DO CATÁLOGO

ABAIXAR O BRAÇO (definição agrupada com ERGUER O BRAÇO. Vá até a definição ERGUER O BRAÇO e, junto dela, achará a definição de ABAIXAR O BRAÇO)

ABAIXAR OBJETO (definição agrupada com ERGUER OBJETO)

ABOTOAR I E II/DESABOTOAR I E II

ABOTOAR I

C Considerando-se duas partes de tecido (ou outro material, por exemplo: de plástico, em uma capa de chuva; de couro, em uma mochila ou bolsa) superpostas que tenham, respectivamente, uma casa e um botão, que estejam ambos presos entre os dedos de uma ou ambas as mãos,

R atritar o botão através da casa, produzindo:

P a junção dessas duas partes de tecido (ou outro material).

ABOTOAR II

C Considerando-se duas partes de tecido (ou outro material, por exemplo: de plástico, em uma capa de chuva; de couro, em uma mochila ou bolsa) superpostas que tenham colchetes de pressão, uma com pino e outra com orifício, ou fechos magnéticos, um com ímã e outro com parte metálica, que estejam ambos presos entre os dedos de uma ou de ambas as mãos,

R encaixar os dois colchetes (ou fechos magnéticos), produzindo:

P a junção dessas duas partes de tecido (ou de outro material).

DESABOTOAR I

C Considerando-se duas partes de tecido (ou de outro material) superpostas e com uma junção feita por meio de uma casa e um botão, e estando a casa e o botão presos entre os dedos de uma ou de ambas as mãos,

R atritar o botão através da casa, produzindo:

P a separação dessas duas partes de tecido (ou de outro material).

DESABOTOAR II

C Considerando-se duas partes de tecido (ou outro material, por exemplo: de plástico, em uma capa de chuva; de couro, em uma mochila ou bolsa) superpostas e com uma junção feita por meio de colchetes de pressão, uma com pino e outra com orifício, ou fechos magnéticos, um com ímã e outro com parte metálica, que estejam ambos presos entre os dedos de uma ou de ambas as mãos,

R desencaixar os dois colchetes (ou fechos magnéticos), produzindo:

P a separação dessas duas partes de tecido (ou de outro material).

Obs.: O mais comum é que os quatro comportamentos sejam executados com uma das mãos prendendo uma parte do tecido e a outra atritando o botão, colchete, prendedor, ou fecho magnético, embora também possa ser feito com uma só das mãos.

ABRAÇAR

C Estando os membros superiores próximos ao corpo de uma outra pessoa,

R fletir (fazer flexão, dobrar) esses membros em torno de uma ou mais estruturas do corpo dessa pessoa e encostar[45] nessa(s) estrutura(s) a porção ventral do tronco (peito) dos membros superiores.

P —

ABRIR A BOCA / FECHAR A BOCA

ABRIR A BOCA

C Estando o lábio superior próximo ou encostado no lábio inferior,

R mover o maxilar inferior, produzindo:

P aumento da distância entre os lábios.

FECHAR A BOCA

C Estando o lábio superior afastado do lábio inferior,

R mover o maxilar inferior, resultando em:

P junção dos lábios.

---

[45] O "encostar" é tomado no sentido usual dessa palavra, estando definida, com mais precisão, sob a denominação "Encostar I", mais à frente, nesse Catálogo.

ABRIR OS OLHOS / ENTREFECHAR OS OLHOS / FECHAR OS OLHOS

ABRIR OS OLHOS

C Estando as pálpebras *em contato* uma com a outra,

R movê-las, de modo que:

P a íris, a pupila e a córnea ficam visíveis.

ENTREFECHAR OS OLHOS

C Estando os olhos abertos,

R mover as pálpebras, uma em direção à outra, de modo que:

P a íris, a pupila e a córnea ficam parcialmente ocultas.

FECHAR OS OLHOS

C Estando as pálpebras afastadas uma da outra,

R movê-las, de modo que:

P a íris, a pupila e a córnea ficam ocultas.

ABRIR TORNEIRA / FECHAR TORNEIRA

ABRIR TORNEIRA

C Estando os dedos de uma das mãos em contato com a manopla[46] de uma torneira, abastecida com água,

R girar a manopla em sentido anti-horário, produzindo:

P água escorrendo através da torneira.

FECHAR TORNEIRA

C Estando os dedos de uma das mãos em contato com a manopla de uma torneira, da qual escorre água,

R girar a manopla em sentido horário, produzindo:

---

[46] Manopla, manípulo, puxador ou registro é a parte móvel das torneiras com acionamento manual, que permite vedar ou regular o fluxo da água, inexistente nas acionadas automaticamente, por meio de sensores que, pela aproximação da(s) mão(s), liberam um jato de água constante que cessa quando a(s) mão(s) se afasta(m).
Em um segundo tipo de torneira manual, a manopla requer seja pressionada para liberar um fluxo constante de água, que cessa um certo tempo depois, quando uma mola interna faz retornar a manopla para a posição inicial.
Em um terceiro tipo de torneira manual, a manopla deve ser pressionada no sentido anterior/posterior (frente/trás).

P interrupção do fluxo da água (em um fechamento completo ou total) ou diminuição do fluxo de água (em um fechamento incompleto ou parcial).

ACARICIAR

C Estando a(s) mão(s) em contato com uma superfície (pele, cabelo, roupa etc de uma pessoa ou pele, ou pelagem, de um animal),

R atritá-la(s), geralmente com movimentos de cima para baixo, ou de um lado para outro, podendo ser movimentos repetitivos.

P —

Obs. 1: Geralmente o contato é feito com a ponta dos dedos, sobre outra pessoa ou um animal, principalmente no rosto e/ou ombro e/ou braço da pessoa, ou cabeça ou dorso do animal.

Obs. 2. Possível também acariciar objeto, por exemplo, a foto de uma pessoa, ou animal.

(Adaptado de Vieira, 1975).

AFIVELAR (def. agrupada com AMARRAR)

AGACHAR I e II

AGACHAR I

C Estando os pés em contato com uma superfície de apoio e o tronco ereto ou aproximadamente ereto,

R mover os membros inferiores (e algumas vezes outras estruturas do corpo), produzindo:

P a posição "agachada", em que as pernas ficam fletidas (dobradas) na articulação da coxa com a perna.

AGACHAR II

C Estando os pés em contato com uma superfície de apoio e o tronco ereto ou aproximadamente ereto,

R mover os membros inferiores e o tronco, produzindo:

P a posição "de cócoras", em que as pernas ficam fletidas (dobradas) na articulação da coxa com a perna e o tronco fica fletido e aproximado da coxa.

AGREGAR COMIDA

C Estando o cabo de um talher preso entre os dedos de uma das mãos, numa posição em que a borda lateral, da outra extremidade do talher, toque o prato, que contém alimento sólido, relativamente disperso,

R atritar, contra o prato, a extremidade do talher, em contato com o alimento, movendo-a no sentido borda-centro do prato, produzindo:

P bocados de alimento com maior aproximação entre si, quando comparados com a situação imediatamente anterior.

AJOELHAR

C —

R Mover os membros inferiores (e algumas vezes outras estruturas do corpo), produzindo:

P a posição "ajoelhada", em que um ou ambos os joelhos estão em contato com uma superfície de apoio horizontal e em que a(s) coxa(s) está(ão) em posição perpendicular ou inclinada, em relação a essa superfície de apoio horizontal.

AMARRAR / DESAMARRAR / AFIVELAR

AMARRAR

C Considerando-se dois elementos flexíveis independentes (por exemplo: faixas, tiras de pano, fitas, linhas, cordas ou cordões) e estando uma das extremidades, de cada um desses elementos, presa entre os dedos,

R mover os dedos de cada mão e outras estruturas do(s) membro(s) superior(es) em contato com uma extremidade de cada elemento, produzindo:

P um elemento ligado ao outro, por tais extremidades, por meio de nó(s) ou nó(s) e laço(s).

DESAMARRAR

C Considerando-se dois elementos flexíveis (por exemplo: faixas, tiras de pano, fitas, linhas, cordas ou cordões) que, por uma das extremidades de cada elemento, estejam amarrados por meio de nó(s) ou nó(s) e laço(s),

R mover os dedos de cada mão e outras estruturas do(s) membro(s) superior(es), em contato com as extremidades amarradas, desfazendo nó(s); ou laço(s) e nó(s) que as ligava, produzindo:

P a separação de tais extremidades.

AFIVELAR

C Considerando-se dois elementos flexíveis independentes (por exemplo: faixas, tiras de pano, fitas, linhas, cordas ou cordões), um dos quais esteja dotado de fivela em uma de suas extremidades, presa entre os dedos de uma das mãos, e o outro, dotado de furos na sua extremidade, presa entre os dedos da outra mão,

R mover dedos de cada mão e outras estruturas dos membros superiores em contato com tais extremidades, introduzindo a garra da fivela, de uma extremidade, em um dos furos da extremidade do outro elemento, produzindo:

P um elemento ligado ao outro, por meio do afivelamento.

Obs.: A extremidade dotada de furos pode formar uma só peça com a outra que tem fivela, como ocorre em um cinto; ou pode estar de um lado de um calçado ou vestimenta que tem, do outro lado, uma fivela; ou de uma mala, mochila, bolsa, carteira ou acessório cujas partes externas se fecham com o recurso de tira e fivela.

AMASSAR COMIDA

C Estando um garfo preso entre os dedos de uma das mãos, por uma de suas extremidades, numa posição em que a outra extremidade (geralmente com face convexa) esteja sobre o alimento,

R atritar o garfo contra o alimento, produzindo:

P um alimento mais pastoso ou fracionado do que antes de ser amassado.

ANDAR / ENGATINHAR / ANDAR QUADRÚPEDE / CORRER

C Estando o corpo situado em certo lugar do espaço, na posição "em pé",

R mover e deslocar, alternadamente, estruturas do quadril e dos membros inferiores, encostando as extremidades distais (sola do pé) desses membros em diferentes pontos da superfície de apoio, produzindo:

P a mudança de posição do corpo para diferente lugar do espaço.

Obs: Difere do "Correr" porque, no "Andar", um pé é colocado sobre a superfície de apoio antes que o outro seja elevado.

(Adaptado de McGrew, 1974; Vieira, 1975).

ENGATINHAR

C Estando a pessoa ajoelhada, numa superfície de apoio, e com a palma das mãos nela apoiada,

R deslocar, sequencialmente, os membros inferiores e superiores em contato com essa superfície, produzindo:

P mudança de posição do corpo para diferente lugar do espaço.

Obs.: Em crianças, ocorre como forma habitual de locomoção, na fase anterior ao andar ereto. Pode ocorrer em adultos que brinquem com bebês, imitando o engatinhar deles.

ANDAR QUADRÚPEDE

C Estando a parte frontal do corpo arqueada e voltada para a superfície de apoio e estando

a palma das mãos e a ponta dos pés (ou outras partes deles) em contato com essa superfície,

R deslocar, sequencialmente, os membros inferiores e superiores em contato com essa superfície, produzindo:

P mudança de posição do corpo para diferente lugar do espaço.

Obs.: Eventualmente pode ocorrer em bebês, ou em adultos que brinquem com eles, imitando o seu modo quadrúpede de andar, sendo a forma habitual de se locomover de quem tenha a Síndrome Uner Tan.

ANDAR QUADRÚPEDE (def. agrupada com ANDAR)

APERTAR / DESAPERTAR

APERTAR

C Considerando-se como **A**: partes do membro superior, partes do membro inferior, dentes, ou objetos presos entre os dedos das mãos; considerando-se como **B**: um ou mais objetos ou estruturas corporais, e estando um ou mais dos elementos de **A** encostado(s) em **B**, por meio de dois ou mais pontos opostos,

R mover um ou mais dos elementos da estrutura **A**, exercendo pressão no sentido superfície/interior do objeto ou estrutura **B**, produzindo:

P deformação ou esmagamento do objeto ou estrutura **B**, e/ou deformação de um ou mais dos elementos da estrutura **A**.

Obs.: "Apertar" difere de "Prender", porque "Prender" não resulta em deformação ou esmagamento.

DESAPERTAR

C Considerando-se *como* **A**: partes do membro superior, partes do membro inferior, dentes ou objetos presos entre os dedos das mãos; e considerando-se *como* **B**: um ou mais objetos ou estruturas corporais, e estando **B** apertado por **A**, por meio de dois ou mais pontos opostos,

R mover um ou mais dos elementos da estrutura **A**, liberando pressão no sentido interior/superfície do objeto ou estrutura corporal **B**, produzindo:

P o desfazer da deformação do objeto ou estrutura corporal **B**, e/ou o desfazer da deformação da estrutura **A**.

APONTAR

C —

R Estender o dedo indicador, ou o polegar, de uma das mãos, em direção a uma pessoa ou objeto, mantendo flexionados os demais dedos desta mão.

P —

Obs. 1: A flexão pode ser total, quando as pontas dos dedos encostam na palma da mão, ou parcial, quando as pontas dos dedos permanecem distanciadas da palma da mão.

Obs. 2: Menos frequentemente, pode-se estender a mão espalmada, em direção a uma pessoa ou objeto. Também pode acontecer de, estando a pessoa com lápis ou caneta ou outro objeto preso entre os dedos de uma das mãos, orientá-lo em direção a uma pessoa ou objeto.

ARRANHAR

C Estando as extremidades das unhas, de uma ou ambas as mãos, em contato com uma superfície (objeto ou pele de pessoa ou animal),

R atritá-la, podendo produzir

P marcas na superfície e, sendo pele de pessoa ou animal, podendo resultar em sangramento.

(Adaptado de Vieira, 1975).

ARROTAR

C —

R — (Não observável diretamente, a não ser parte dela: boca se abrindo, acompanhada do Produto).

P Expulsão ruidosa, pela boca, de gases [provenientes do estômago].

(Adaptado de Ferreira, 1975).

ASSOAR

C Estando uma ou ambas as narinas fechadas, por meio da pressão dos dedos de uma ou ambas as mãos, que podem ou não prender um lenço,

R expirar, ao mesmo tempo em que a(s) narina(s) é (são) destampada(s), resultando em:

P expulsão súbita de ar, e geralmente de muco, através do nariz, acompanhada de ruído produzido pela passagem do ar pela(s) narina(s) e, frequentemente, pela vibração da(s) aleta(s) nasal(is).

ASSOPRAR

C Estando os lábios projetados para a frente e os cantos da boca deslocados para o centro,

R expirar, resultando em:

P expulsão do ar pela boca.

(Adaptado de Vieira, 1975).

ATIRAR

C Estando um objeto preso entre os dedos de uma ou de ambas as mãos,

R estender abruptamente o(s) antebraço(s) e jogar o objeto no ar, resultando em:

P deslocamento do objeto no ar, até que esse deslocamento cesse e o objeto colida com outro objeto e/ou caia sobre uma superfície de apoio.

ATRITAR

C Ficando um ou mais objeto(s) preso(s) entre partes do membro superior ou inferior, e estando esse(s) objeto(s) em contato com outro objeto ou com uma estrutura corporal,

R deslocar a(s) estrutura(s) que prende(m) o(s) objeto(s), mantendo o contato entre o objeto, ou entre o objeto e a estrutura corporal, durante o deslocamento, produzindo:

P fricção entre os dois objetos, ou entre o objeto e a estrutura.

Obs.: O deslocamento da estrutura corporal que prende o objeto pode ser feito numa só direção, em sucessivas repetições de vaivém, como ocorre no polimento de um carro, piso, móvel, ou de uma peça ornamental.

AUTOMUTILAÇÃO

C Estando uma ou ambas as mãos de uma pessoa em contato com parte do próprio corpo,

R movê-la(s) com flexão e extensão contínuas,

P podendo resultar marcas na pele, quando feita diretamente nela.

OBS.: Geralmente são as pontas dos dedos, suas unhas, que entram em contato com parte do corpo.

(Adaptado de Vieira, 1979.

BALANÇAR PERNA

C Estando a pessoa sentada, em pé ou pendurada,

R fletir (fazer flexão, dobrar) a perna e estendê-la, duas ou mais vezes, em sucessão.

P —

BATER

C Considerando-se a estrutura corporal **A** (por exemplo: uma das mãos), que pode ou não prender um objeto,

R deslocar essa estrutura de modo súbito e contínuo até chocar contra um objeto ou estrutura corporal **B** (pode ser da mesma pessoa ou de outra), produzindo:

P ruído.

BEBER/ BEBER COM CANUDO

BEBER

C Estando o lábio encostado na borda de um copo, ou outro recipiente, contendo bebida,

R despejar a bebida na boca e engoli-la, resultando em:

P recipiente com ausência ou menor quantidade de bebida.

BEBER COM CANUDO

C Estando fechada a boca e tendo uma das extremidades de um canudo presa entre os lábios, que se mantêm unidos, e a outra extremidade do canudo imersa em um copo, garrafa ou outro recipiente, contendo bebida,

R fazer sucção, de modo que o líquido seja introduzido na boca e engolido, resultando em

P copo, garrafa ou outro recipiente com ausência ou menor quantidade de bebida.

Obs.: A sucção é notada por movimentos rítmicos de abaixar do maxilar, com afundamentos das bochechas, para o interior da boca, que permanece fechada, seguidos de retornos do maxilar e das bochechas às suas posturas habituais.

(Adaptado de Vieira, 1975).

BEIJAR / MANDAR BEIJO

BEIJAR

C Estando os lábios unidos, deslocados para a região mediana da abertura bucal e projetados para a frente, assumindo uma forma arredondada e franzida,

R aproximar e encostar, ou não, os lábios numa superfície (por exemplo: de um objeto, do rosto de uma pessoa ou outros) e inspirar o ar pela boca,

P inspiração que pode ser seguida de estalido dos lábios.

(Adaptado de Vieira, 1975).

MANDAR BEIJO

C Estando a pessoa **A** distanciada de outra (**B**), com os lábios unidos, deslocados para a região mediana da abertura bucal e projetados para a frente, assumindo uma forma arredondada e franzida,

R aproximar da boca a parte ventral de uma das mãos espalmadas, muitas vezes junto da ponta dos dedos, tocar a mão espalmada, inspirar o ar pela boca, muitas vezes estalando os lábios, enquanto move a mão espalmada na direção da pessoa **B**.

P —

Obs.: A resposta pode se resumir em inspirar o ar pela boca, muitas vezes estalando os lábios, enquanto a pessoa **A** mantém a face voltada para a pessoa **B**.

BOCEJAR

C —

R Abrir a boca, deixando visível o interior da cavidade bucal, ao mesmo tempo em que é realizado movimento respiratório de inspiração,

P inspiração que pode ser ruidosa.

Obs.: Quando a pessoa que boceja está junto de outras pessoas, o bocejar pode ser acompanhado de ela levar uma das mãos à boca, de modo a ocultar a boca. O Bocejar também pode ser notado em animais mamíferos e outros, por exemplo em galos e alguns pássaros.[47]

(Adaptado de Vieira, 1975).

CHUPAR I e II

CHUPAR I

C Estando um objeto ou estrutura corporal parcialmente dentro da boca (pirulito, chupeta, bico de mamadeira, dedo ou outro),

R apertar e desapertar, alternada e sucessivamente, a parte do objeto ou estrutura que se encontra dentro da boca, impelindo-o no sentido boca/faringe, no momento em que é apertado, e no sentido inverso, no momento em que é desapertado.

P — (Se o objeto for o bico da mamadeira, no qual contenha líquido, o resultado não observável diretamente é que o líquido é liberado dentro da boca, sendo provavelmente engolido).

[47] Nos anos 90, para um galo atuar num comercial, precisei condicioná-lo a cantar. Durante o processo, quando já estava cantando sob comando, casualmente, ele bocejou. (Seria reação de enfado com o meu treinamento? Brincadeira! Não sou tão chato assim!). E eu, imediatamente, lhe dei um petisco, na tentativa de também vir a condicionar o bocejar. Afinal, nunca tinha ouvido falar que já tivesse sido tentado. "Bingo"! Após algumas tentativas, lá estava o galo a bocejar sob comando, além de cantar!

CHUPAR II

C Considerando-se um objeto parcialmente dentro da cavidade bucal (exemplo: macarrão cozido) ou um objeto na boca e outro a ele ligado (exemplo: canudinho com líquido em seu interior),

R mover lábios e língua, fazendo sucção, resultando em:

P introdução do objeto (exemplo: macarrão) ou do objeto ligado a ele (exemplo: líquido que estava no interior do canudinho) para dentro da cavidade bucal.

CHUTAR

C Estando a pessoa em pé, sentada ou pendurada,

R fletir (fazer flexão, dobrar) a perna e estendê-la rapidamente, produzindo:

P contato (choque) do pé contra objeto ou pessoa.

COMER/GESTO DE "FINGIR COMER" I E II

COMER

C Estando um bocado de alimento dentro da boca,

R mastigar e engolir esse bocado.

P —

Obs.: Uma nova resposta será computada quando um novo bocado for introduzido na boca, mastigado e engolido.

GESTO DE "FINGIR COMER" I e II

C Diante de um alimento ou de qualquer objeto ou estrutura corporal,

R **I** - deslocar os dedos de uma ou ambas as mãos em direção a esse alimento (objeto ou estrutura corporal), fletir (fazer flexão, dobrar) os dedos, uns em direção aos outros, sem o resultado "alimento (objeto ou estrutura corporal) preso", e deslocar os dedos em direção à boca,

ou

II - transportar um talher em direção a esse alimento (objeto ou estrutura corporal), deslocar a mão num movimento semelhante ao observado no "Encher Talher", sem o resultado "talher cheio", e deslocar o talher em direção à boca.

P —

Obs.: A resposta **I** ou **II** pode ser acompanhada pela simulação de "Comer" (e até de "Engolir") o alimento (objeto ou estrutura corporal) que não foi introduzido na boca. O "Fingir Comer" uma estrutura corporal (por exemplo: a bochecha, a mão, a orelha, o nariz de uma criança) é brincadeira que pode ser feita por um adulto, ou por uma criança, em relação a outra, ou por uma criança relativamente a um adulto. Brincadeira semelhante também pode ocorrer em relação a objetos não comestíveis, por exemplo: "Fingir Comer" um papel de bala, um brinquedo, uma borracha, um brinco ou outros.

CORRER (def. agrupada com ANDAR)

CORTAR COM TALHER / CORTAR COM TESOURA

CORTAR COM TALHER

C Estando o cabo de um talher (faca, colher ou garfo) preso entre os dedos de uma das mãos, numa posição em que a borda lateral da outra extremidade do talher toque um objeto,

R atritar essa borda no objeto, resultando:

P objeto dividido em duas partes.

Obs.: Para cortar, geralmente, usa-se uma faca, mas uma colher ou um garfo se prestam para cortar alguns objetos, como legume e macarrão ou outros, quando cozidos.

CORTAR COM TESOURA

C Ficando o objeto a ser cortado entre as lâminas de uma tesoura e estando o dedo polegar, de uma das mãos (geralmente da dominante) introduzido num dos orifícios do cabo da tesoura e, da mesma mão, um outro dedo (ou mais dedos, quando a tesoura dispõe de um orifício suficientemente largo) no segundo orifício da outra alça do cabo,

R mover os dedos que prendem a tesoura, atritando as duas lâminas, produzindo:

P objeto dividido em duas partes, ou, continuando como uma só parte, objeto com um ou mais cortes parciais em sua superfície.

CUSPIR

C Estando a boca fechada, contendo saliva, líquido, comida ou objeto,

R entreabrir a boca, mover a língua com saliva, líquido, comida ou objeto, para fora da boca, e assoprar, resultando em:

P expulsão de saliva, líquido, comida, alimento ou objeto, simultaneamente ao aparecimento da língua fora da boca entreaberta e à ocorrência de um ruído surdo (fraco, abafado), ao mesmo tempo em que a língua é recolhida para dentro da boca, que geralmente se fecha.

CUTUCAR I e II

C Considerando-se como **A** uma estrutura do membro superior (por exemplo: dedo estendido ou cotovelo) ou um objeto alongado

e considerando-se como **B** uma estrutura corporal ou objeto e estando **A** encostado em **B**, por meio de uma de suas extremidades,

R **I** - deslocar a estrutura **A**, ou

II - transportar o objeto **A**,

exercendo pressão no sentido superfície/interior do objeto ou estrutura corporal **B**, podendo produzir:

P deformação em **B**.

DAR I e II / RECEBER

DAR I e II

C Estando a pessoa **A** com um objeto preso em uma ou nas duas mãos, e tendo a pessoa **B** deslocado as mãos em direção a esse objeto,

R define-se como "Dar":

I - o comportamento da pessoa **A** soltar o objeto sobre uma ou ambas as mãos de B, ou

II - o comportamento da pessoa **A** depositar e soltar o objeto sobre a parte ventral[48] da(s) mão(s) da pessoa **B**, resultando em:

P objeto preso entre os dedos da(s) mão(s) de **B**, ou depositado na superfície ventral da(s) mão(s) de **B**.

---

[48] Parte ventral da mão é aquela sobre a qual os dedos se dobram, é a palma da mão; fica do lado oposto ao dorso da mão.

RECEBER

C Estando a pessoa **A** com um objeto preso em uma ou nas duas mãos, e estando a pessoa **B** com a(s) mão(s) direcionada(s) a esse objeto, e tendo **A** aproximado e soltado o objeto sobre ou depositado o objeto na(s) mão(s) de **B**,

R define-se como "Receber": o comportamento de **B** prender o objeto com os dedos ou dar apoio a ele com a parte ventral da(s) mãos, resultando em:

P objeto preso entre os dedos e/ou apoiado sobre a parte ventral da(s) mão(s) de **B**.

OBS.: O "Dar objeto" difere do "Tomar objeto" porque:

a. O Dar é, frequentemente, precedido ou do oferecimento verbal do objeto, por parte de **A**, dirigindo-se a **B**, ou do consentimento de **A**, acatando pedido de **B** (ou de terceiros) para entregar o objeto a **B**;

b. No "Tomar Objeto", ao invés de **A** soltar o objeto ou depositá-lo sobre a mão de **B**, o objeto é arrancado da(s) mão(s) de **A**, que, frequentemente, continua prendendo o objeto, até que **B** o arranque da(s) mãos(s) de **A**.

DEITAR

C Estando a pessoa em pé, ajoelhada, pendurada ou sentada,

R deslocar os membros inferiores e outras estruturas do corpo, produzindo:

P a "posição deitada", em que o eixo longitudinal[49] do tronco da pessoa fica paralelo à superfície horizontal, na qual o tronco está apoiado.

(Adaptado de Vieira, 1975).

DEPOSITAR

C Estando um objeto preso entre os dedos de uma ou de ambas as mãos,

R estender o(s) braço(s) e antebraço(s), aproximando o objeto de uma superfície ou estrutura corporal de apoio, até que a face inferior do objeto esteja em contato com a superfície ou estrutura corporal, seguido de afastar os dedos do objeto, deixando:

P o objeto apoiado sobre essa superfície ou estrutura corporal.

---

[49] Eixo longitudinal = que está dirigido no sentido do comprimento ou do eixo principal de um órgão, de um corpo ou de uma parte de algum corpo (AULETE [s. d.]. Disponível em: http://www.aulete.com.br/longitudinal#ixzz3D9gjtxM9. Acesso em: 15 jul. 2024).

DESABOTOAR I e II (def. agrupada com ABOTOAR I e II)

DESAMARRAR (def. agrupada com AMARRAR)

DESAPERTAR (def. agrupada com APERTAR)

DESCASCAR COM AS UNHAS / DESCASCAR COM FACA

DESCASCAR COM AS UNHAS

C Estando um alimento com casca (laranja, banana ou outros) preso entre os dedos de uma das mãos,

R introduzir na casca as extremidades das unhas de alguns dos dedos da outra mão, prender a casca e transportá-la no sentido oposto ao da polpa (miolo) do alimento, resultando em:

P pedaço de casca separado do alimento.

Obs. 1: Em seguida, muda-se a posição do alimento na mão, expondo um novo pedaço do alimento com casca e se repete a resposta, até que toda a polpa (miolo) do alimento esteja separada de sua casca.

Obs. 2: No caso da banana, quando vai ser comida, estando segura em uma das mãos, é comum que se deixe uma de suas extremidades com um pouco de casca ao seu redor, de modo a se poder segurar a fruta sem tocar na sua polpa (miolo).

DESCASCAR COM FACA

C Estando um alimento com casca preso entre os dedos de uma das mãos ou preso com um talher (garfo ou outro) sobre uma superfície de apoio (por exemplo: sobre um prato, sobre uma tábua de preparar alimentos ou outros) e estando uma faca presa pelo cabo entre os dedos da outra mão,

R atritar o gume da faca contra o ponto de junção entre a face interna da casca e a face externa da polpa do alimento, resultando em:

P um pedaço de casca separado do alimento.

Obs.: Em seguida, muda-se a posição do alimento, expondo ao gume da faca um novo pedaço com casca e se repete a resposta até que toda a polpa fique separada da casca.

DESCASCAR COM FACA (def. agrupada com DESCASCAR COM AS UNHAS)

DESCER (def. agrupada com SUBIR)

DESDOBRAR (def. agrupada com DOBRAR)

DESEMBRULHAR (def. agrupada com EMBRULHAR I e II)

DESENCAIXAR (def. agrupada com ENCAIXAR)

DESENCOSTAR I e II (def. agrupada com ENCOSTAR)

DESENROLAR I e II (def. agrupada com ENROLAR I e II)

DESLIZAR

C Estando uma estrutura corporal **A** de uma pessoa em contato com uma estrutura corporal **B** de outra pessoa, ou de um objeto **B**,

R mover ou deslocar a estrutura corporal **A**, mantendo o contato entre **A** e **B** durante o deslocamento, resultando em:

P estrutura corporal **A** em ponto diverso daquele em que estava antes do deslocamento.

Obs.: A estrutura corporal **A** pode consistir de: parte do membro superior (mão, por exemplo), parte do membro inferior (pé, por exemplo), parte da cabeça (face, por exemplo) ou parte do tronco (costas contra o encosto da cadeira ou sofá, por exemplo).

DESLOCAR

C Estando uma estrutura corporal numa certa posição em relação ao ambiente,

R mover essa estrutura, ou uma estrutura mais proximal (próxima) que essa, resultando em:

P alteração da posição da estrutura em relação ao ambiente.

DESPEJAR

C Estando um recipiente contendo líquido ou outro objeto (por exemplo: areia, comida, papel picado etc) preso entre os dedos de uma das mãos,

R deslocar a mão e outras estruturas do membro superior, por vezes com a ajuda da outra mão, alterando a posição do recipiente, de modo que inicialmente a face superior dele fique voltada para baixo, parcial ou totalmente, ocorrendo:

P a queda do conteúdo do recipiente.

DESROSQUEAR (def. agrupada com ROSQUEAR)

DOBRAR / DESDOBRAR

DOBRAR

C Considerando-se um objeto delgado e flexível (pano, folha de papel, ou outros) que está desdobrado (total ou parcialmente),

R mover dedos/mãos, de modo a prender, deslocar e soltar partes do objeto, produzindo:

P modificação na disposição do objeto, de modo que áreas menores de sua superfície fiquem expostas, e que várias faces do objeto fiquem em contato, umas com outras, em relação à disposição anterior.

DESDOBRAR

C Considerando-se um objeto delgado e flexível (pano, folha de papel, ou outros) que está dobrado,

R mover dedos/mãos, de modo a prender, deslocar e soltar partes do objeto, produzindo:

P modificação na disposição do objeto, de modo que áreas maiores de sua superfície fiquem expostas e sem contato com outras áreas do mesmo objeto, em relação à disposição anterior.

EMBRULHAR I e II / DESEMBRULHAR

EMBRULHAR I

C Considerando uma folha de papel (ou de plástico ou pedaço de pano ou outros) e um objeto,

R prender a folha (ou outros) entre os dedos de uma das mãos e, geralmente com ajuda da outra mão, transportar a folha (ou outros), aproximando-a(os) do objeto, dobrar partes da folha (ou outros) sobre o objeto, repetindo a sequência de dobrar, com outras partes da folha (ou outros), resultando em:

P objeto totalmente envolvido pela folha (ou outros).

EMBRULHAR II

C Considerando uma folha de papel (ou de plástico ou pedaço de pano ou outros) e um objeto,

R prender a folha (ou outros) entre os dedos de uma das mãos e, geralmente com ajuda da outra mão, transportar a folha (ou outros), depositá-la(os) sobre uma superfície plana (mesa, chão ou outros), prender o objeto, depositá-lo sobre a folha (ou outros), dobrar partes da folha (ou outros) sobre o objeto, repetindo a sequência de dobrar com outras partes da folha (ou outros), resultando em:

P objeto totalmente envolvido pela folha (ou outros).

Obs.: A resposta de Embrulhar (I e II) pode ser finalizada com a colocação de pedaço de fita adesiva, fixando as dobras da folha (ou outros). A fixação também pode ser feita passando cordão (ou fita ornamental) em torno do objeto envolvido por folha (ou outros) e atando as extremidades do cordão (ou fita ornamental) com nó, ou nó e laço.

DESEMBRULHAR

C Considerando um objeto totalmente envolvido em folha de papel (ou plástico ou pedaço de pano ou outros),

R prender a folha (ou outros) entre os dedos de uma das mãos, e geralmente com ajuda da outra mão, transportar a folha (ou outros) afastando-a(os) do objeto, repetindo essa sequência com outras partes da folha (ou outros), resultando em:

P objeto afastado da folha, podendo estar apoiado sobre a folha, que esteja em contato com uma estrutura corporal ou superfície de apoio.

Obs.: Se a folha que envolvia o objeto tinha partes fixadas com fita adesiva ou presas com cordão ou fita ornamental, cujas extremidades estavam atadas com nó, ou nó e laço, a resposta começa pela retirada da fita adesiva ou do nó, ou primeiro do laço e, em seguida, do nó, dessas extremidades.

ENCAIXAR / DESENCAIXAR

ENCAIXAR

C Considerando-se dois objetos cujas bordas coincidam (parcial ou totalmente), e estando esses objetos próximos ou parcialmente encostados,

R mover os dedos e outras estruturas do membro superior, alterando a posição de uma ou ambas as peças, de forma que:

P as bordas das peças coincidentes ficam totalmente em contato.

DESENCAIXAR

C Considerando-se dois objetos com bordas coincidentes (parcial ou totalmente), e estando essas bordas em contato completo,

R mover os dedos e outras estruturas do membro superior, alterando a posição de uma ou ambas as peças, resultando em:

P duas peças separadas entre si, ou seja, as bordas coincidentes ficam distanciadas (parcial ou totalmente).

Obs.: As definições de Encaixar e Desencaixar se aplicam também às peças dos jogos de "quebra-cabeças".

ENCHER TALHER

C Estando o cabo de um garfo (ou colher) preso entre os dedos de uma das mãos e a borda de sua outra extremidade em contato com alimento, em um prato ou outro recipiente,

R atritar a borda do garfo (ou da colher) contra o alimento, primeiro em sentido predominantemente vertical, de cima para baixo, e, em seguida, em sentido predominantemente horizontal, de um lado para o outro, com a parte côncava do talher voltada predominantemente para cima, resultando em:

P uma porção de alimento sobre a parte côncava do talher.

ENCOSTAR / DESENCOSTAR

ENCOSTAR

C Considerando-se uma ou mais estruturas corporais **A**, que podem ou não prender objetos **A**, os quais estejam separados de estruturas corporais ou objetos **B**,

R mover a(s) estruturas(s) **A** em direção à(s) estrutura(s) ou objetos **B**, produzindo:

P contato entre estruturas corporais e/ou objetos **A** e **B**.

DESENCOSTAR

C Considerando-se uma ou mais estruturas corporais **A**, em contato com estruturas corporais e/ou objetos **B**,

R mover a(s) estruturas(s) **A** em direção oposta à(s) estrutura(s) ou objetos **B**, resultando em:

P separação entre as estruturas e/ou objetos **A** e **B**.

ENGATINHAR/ANDAR QUADRÚPEDE (def. agrupada com ANDAR)

ENGOLIR

C Estando um líquido, comprimido, alimento triturado ou outro, dentro da boca,

R mover a língua, impelindo o líquido, comprimido, alimento ou outro, para a faringe, de onde é impelido para o esôfago.

P —

Obs.: Concomitantes ao "Engolir", podem ser observáveis movimentos na parte anterior[50] do pescoço.

ENROLAR I e II / DESENROLAR I e II

ENROLAR I e II

C Considerando-se os objetos **A** e **B**, presos entre os dedos, em geral **A** em uma das mãos e **B** na outra, sendo **B** um objeto flexível e alongado (barbante, linha, tira de pano, arame, macarrão cozido ou outros), e estando uma extremidade do objeto flexível presa em **A** (carretel, pedaço de madeira, brinquedo, garfo ou outros),

R I - girar **A** em torno de seu eixo central, ou

II - transportar **B**, traçando círculos em torno de **A**, resultando em:

P objeto **A** circundado pelo objeto **B**.

[50] Diz-se *"anterior"* em oposição à nuca, que é a parte *"posterior"* do pescoço.

DESENROLAR I e II

C Considerando-se os objetos **A** e **B**, presos entre os dedos, em geral **A** em uma das mãos e **B** na outra, sendo **B** um objeto flexível e alongado (barbante, linha, tira de pano, arame, macarrão cozido ou outros), e estando o objeto flexível **B** enrolado em **A**,

R **I** - transportar a extremidade *do* objeto flexível **B**, distanciando-a de **A**, ou

II - transportar o objeto flexível **B**, traçando círculos em torno de **A**, resultando em:

P objeto **A** distanciado do objeto flexível **B** (desenrolamento total), ou tendo parte de **B** a circundá-lo e a outra parte distanciada dele (desenrolamento parcial).

ENTREFECHAR OS OLHOS (def. agrupada com ABRIR OS OLHOS)

ENXUGAR (def. agrupada com MOLHAR I e II)

ERGUER O BRAÇO / ABAIXAR O BRAÇO

ERGUER O BRAÇO

C Estando o braço em uma certa posição (exceto a posição "braço totalmente erguido"),

R mover o braço, resultando em:

P braço numa posição mais alta e mais distante do tronco, do que estava antes do movimento.

ABAIXAR O BRAÇO

C Estando o braço em uma certa posição (exceto a posição "braço totalmente abaixado"),

R mover o braço, resultando em:

P braço numa posição mais baixa e mais próxima do tronco, do que estava antes do movimento.

Obs: "Braço" se refere ao segmento do membro superior delimitado pelo ombro e pelo cotovelo.

ERGUER OBJETO / ABAIXAR OBJETO / TRANSPORTAR OBJETO HORIZONTALMENTE

ERGUER OBJETO

C Estando um objeto preso a uma estrutura do corpo (cabeça, membro superior ou membro inferior),

R transportar o objeto, resultando em:

P objeto numa posição mais alta do que estava antes do movimento.

ABAIXAR OBJETO

C Estando um objeto preso a uma estrutura do corpo (cabeça, membro superior ou membro inferior),

R transportar o objeto, resultando em:

P objeto numa posição mais baixa do que estava antes do movimento.

TRANSPORTAR OBJETO HORIZONTALMENTE

C Estando um objeto preso a uma estrutura do corpo (cabeça, membro superior ou membro inferior),

R transportar o objeto, resultando em:

P objeto em outro ponto do espaço, no mesmo plano horizontal em que estava antes do movimento.

ESPETAR / TIRAR DO GARFO ou UTENSÍLIO I, II e III

ESPETAR

C Estando o cabo de um garfo ou de um utensílio (faca, espeto, palito ou outro) preso entre os dedos de uma das mãos e os dentes do garfo ou a ponta do utensílio próximos a um bocado de alimento sólido e consistente (azeitona, pedaço de carne, de legume, de fruta ou outro), ou de objeto sólido e consistente (por exemplo: massa de modelar, borracha ou outro),

R introduzir os dentes do garfo ou a ponta do utensílio no alimento ou objeto, ficando:

P os dentes do garfo ou a ponta do utensílio total ou parcialmente envolvidos pelo alimento e presos nele.

TIRAR DO GARFO ou UTENSÍLIO I, II e III

C Estando o cabo de um garfo ou de um utensílio (faca, espeto, palito ou outro) preso entre os dedos de uma das mãos e havendo um bocado de alimento sólido e consistente ou de objeto sólido e consistente (por exemplo: massa de modelar, borracha ou outro), espetado nos dentes do garfo ou na ponta do utensílio,

R **I** - sacudir o garfo ou o utensílio; ou

II - atritar o alimento ou objeto na borda de um prato, caneca, outro vasilhame ou superfície ou estrutura corporal; ou

III - introduzir o alimento na boca e fechá-la, mantendo a boca fechada, puxar o garfo ou utensílio, para fora da boca, ficando:

P os dentes do garfo ou a ponta do utensílio separados do alimento ou do objeto.

ESPIRRAR

C —

R Expirar abruptamente, resultando em:

P expulsão súbita de ar, e geralmente de muco, através do nariz, frequentemente acompanhada de ruído, produzido pelas cordas vocais.

(Adaptado de McGrew, 1974).

ESTENDER I e II / FLETIR I e II

ESTENDER I e II

C Considerando-se uma estrutura corporal alongada que tenha partes articuláveis entre si (por exemplo: o dedo indicador) ou duas estruturas corporais alongadas, articuláveis entre si (por exemplo: o tronco e as coxas),

R **I** - mover parte da estrutura corporal alongada, em torno de seu ponto de articulação com a sua outra parte; ou

II - mover essa estrutura corporal alongada, em torno de seu ponto de articulação com a outra estrutura, produzindo:

P um aumento no ângulo formado pelas faces ventrais[51] dos eixos longitudinais[52] de:

I - partes da mesma estrutura corporal alongada; ou

II - das duas estruturas.

FLETIR I e II

C Considerando-se uma estrutura corporal alongada que tenha partes articuláveis entre si (por exemplo: o dedo indicador) ou duas estruturas corporais alongadas, articuláveis entre si (por exemplo: o tronco e as coxas),

R **I** - mover parte da estrutura corporal alongada, em torno de seu ponto de articulação com a sua outra parte; ou

II - mover a estrutura corporal alongada, em torno de seu ponto de articulação com a outra estrutura, produzindo:

P uma diminuição no ângulo formado pelas faces ventrais dos eixos longitudinais de:

I - partes da mesma estrutura corporal alongada, ou

II- das duas estruturas.

ESTICAR O TRONCO (def. agrupada com INCLINAR O TRONCO PARA A FRENTE ou LATERALMENTE ou PARA TRÁS)

EXPIRAR (def. agrupada com INSPIRAR)

FALAR / FALAR COM A BOCA CHEIA

FALAR

C —

R Expirar, fazendo vibrar as cordas vocais e, ao mesmo tempo, mover a língua, os lábios e os maxilares, produzindo:

P sons de sílabas e palavras.

FALAR COM A BOCA CHEIA

---

[51] Em uma estrutura corporal alongada, dotada de partes articuláveis entre si, as faces ventrais são aquelas que se aproximam entre si quando estão sendo fletidas (dobradas). Por exemplo, as pontas dos dedos, de uma das mãos, se aproximarem da palma da mesma mão.

[52] Longitudinal = veja NR 49.

C Havendo alimento no interior da boca,

R expirar, fazendo vibrar as cordas vocais e ao mesmo tempo mover a língua, os lábios e os maxilares, produzindo:

P sons, de modo geral parcialmente alterados, de sílabas e palavras.

Obs. 1: Durante a fala, a presença do alimento é detectada por um ou mais dos seguintes sinais:

- Bochechas mais distendidas do que quando a boca está vazia;
- Alterações nos sons das sílabas e palavras;
- Visão de bocados de alimento quando a boca é entreaberta ou aberta.

Obs. 2: O critério para indicar uma nova ocorrência é o pausar no mínimo 5 segundos.

FALAR COM A BOCA CHEIA (def. agrupada com FALAR)

FECHAR A BOCA (def. agrupada com ABRIR A BOCA)

FECHAR OS OLHOS (def. agrupada com ABRIR OS OLHOS)

FECHAR TORNEIRA (def. agrupada com ABRIR TORNEIRA)

FICAR EM PÉ

C Estando a pessoa agachada, ajoelhada, deitada, pendurada ou sentada,

R mover os membros inferiores e outras estruturas do corpo, produzindo:

P a posição "em pé", em que os eixos longitudinais[53] da coxa e da perna ficam orientados no sentido de uma reta perpendicular à superfície, na qual estão apoiados os pés da pessoa.

(Adaptado de Vieira, 1975).

FLETIR I e II (def. agrupada com ESTENDER I e II)

FINGIR COMER I E II (def. agrupada com COMER)

---

[53] Longitudinal = veja NR 49.

GESTO DE "FINGIR COMER" I E II (Def. agrupada com COMER)

GIRAR A CABEÇA LATERALMENTE (def. agrupada com GIRAR A CABEÇA PARA A FRENTE)

GIRAR A CABEÇA PARA A FRENTE / GIRAR A CABEÇA LATERALMENTE

GIRAR A CABEÇA PARA A FRENTE

C Estando a cabeça e o tronco formando uma determinada postura,

R mover a cabeça em torno de seu eixo longitudinal[54], produzindo

P posturas de cabeça cujo ponto limite é a cabeça para frente, ou seja, face voltada para o mesmo sentido que a parte ventral do tronco (o peito).

GIRAR A CABEÇA LATERALMENTE

C Estando a cabeça e o tronco formando uma determinada postura,

R mover a cabeça em torno de seu eixo longitudinal[55], produzindo:

P posturas de cabeça cujo ponto limite é a cabeça para o lado direito ou esquerdo, ou seja, face voltada para o mesmo sentido que a parte lateral direita ou esquerda do tronco.

GIRAR O TRONCO LATERALMENTE (def. agrupada com GIRAR O TRONCO PARA A FRENTE)

GIRAR O TRONCO PARA A FRENTE / GIRAR O TRONCO LATERALMENTE

GIRAR O TRONCO PARA A FRENTE

C Estando o tórax e o abdômen formando uma determinada postura,

R mover o tronco em torno de seu eixo longitudinal[56] produzindo:

P posturas de corpo cujos pontos limite são o tronco para frente, ou seja, face ventral do tórax voltada para o mesmo sentido que a face ventral do abdômen.

---

[54] Longitudinal = veja NR 49.

[55] Longitudinal = veja NR 49.

[56] Longitudinal = veja NR 49.

GIRAR O TRONCO LATERALMENTE

C Estando o tórax e o abdômen formando uma determinada postura,

R mover o tronco em torno de seu eixo longitudinal[57], produzindo:

P posturas cujos pontos limite são o tronco para o lado direito ou esquerdo, ou seja, face ventral do tórax voltada para o mesmo sentido que a parte lateral direita ou esquerda do abdômen.

GIRAR OBJETO

C Estando um objeto preso entre partes do membro superior (geralmente em uma ou ambas as mãos),

R mover essas partes do corpo, produzindo:

P a rotação completa ou incompleta do objeto em torno de seu eixo.

INCLINAR A CABEÇA I, II e III / LEVANTAR A CABEÇA

INCLINAR A CABEÇA I, II e III

C Estando os eixos longitudinais[58] da cabeça e do tronco formando ângulo de 180 graus entre si,

R flexionar o pescoço, produzindo:

P diminuição da abertura (menor do que os 180 graus iniciais) do ângulo da cabeça e do tronco, a saber:

I - ângulo ventral = Inclinar para a frente;

II - ângulo lateral = Inclinar lateralmente (para a direita ou para a esquerda);

III - ângulo dorsal = Inclinar para trás.

LEVANTAR A CABEÇA

C Estando os eixos longitudinais[59]da cabeça e do tronco formando ângulos ventrais, laterais ou dorsais, diferentes de 180 graus entre si,

R flexionar o pescoço, produzindo:

P uma abertura de aproximadamente 180 graus em um dos possíveis ângulos desses eixos.

(Adaptado de Vieira, 1975)

---

57 Longitudinal = veja NR 49.
58 Longitudinal = veja NR 49.
59 Longitudinal = veja NR 49.

INCLINAR O TRONCO I, II e III / ESTICAR O TRONCO

INCLINAR O TRONCO I, II e III

C Havendo uma das possíveis aberturas de aproximadamente 180 graus em um dos possíveis ângulos, ao longo do eixo longitudinal[60] do tronco,

R mover a coluna vertebral, na altura do tórax, produzindo:

P deslocamento do tronco em um dos sentidos, a saber:

I - sentido dorso/ventral = inclinar para a frente;

II - sentido centro/lateral = inclinar lateralmente (para a direita ou para a esquerda);

III - sentido ventro/dorsal = inclinar para trás.

ESTICAR O TRONCO

C Havendo uma das possíveis aberturas diferentes de 180 graus em um ou mais ângulos, ao longo do eixo longitudinal[61] do tronco,

R mover a coluna vertebral, na altura do tórax, produzindo:

P uma abertura de aproximadamente 180 graus no ângulo do eixo longitudinal do tronco.

INSPIRAR / EXPIRAR

INSPIRAR

C —

R — (Resposta não observável diretamente, só podendo sê-lo por sinais que a acompanham, principalmente quando a inspiração é média ou máxima; sinais tais como: ruído pela passagem de ar entrando pelas narinas e/ou boca; momentânea diminuição de volume da cavidade abdominal [pela contração do diafragma]; e momentâneo aumento de volume da caixa torácica [com a elevação das costelas]).

P Introdução de ar nos pulmões, através das narinas e/ou da boca.

---

60 Longitudinal = veja NR 49.
61 Longitudinal = veja NR 49.

EXPIRAR

C —

R — (Resposta não observável diretamente, só podendo sê-lo por sinais que a acompanham, principalmente quando a expiração é média ou máxima; sinais tais como: ruídos pela passagem de ar saindo pelas narinas e/ou boca; momentâneo retorno do diafragma abdominal à sua posição normal; e momentâneo retorno da caixa torácica ao seu volume normal [com o rebaixamento das costelas]).

P Expulsão de ar dos pulmões, através das narinas e/ou da boca.

INTRODUZIR I e II / TIRAR DE DENTRO I e II

INTRODUZIR I

C Considerando-se como **A** uma parte do corpo [por exemplo: dedo(s) de uma ou ambas as mãos]; considerando-se como **B** outra parte do corpo ou objeto [boca, narina, orelha, tubo, canudo, saco plástico ou outros] e estando **A** próximo de **B**,

R mover, deslocar ou deslizar **A** contra as paredes internas de **B**, ficando:

P **A** parcial ou totalmente envolvido pelas paredes de **B**.

INTRODUZIR II

C Considerando-se como **A** um objeto (por exemplo: vareta, lápis, banana etc); considerando-se como **B** uma parte do corpo ou objeto (boca, narina, orelha, tubo, canudo, saco plástico ou outros) e estando **A** próximo de **B**,

transportar ou atritar **A** contra as paredes internas de **B**, ficando:

P **A** parcial ou totalmente envolvido pelas paredes de **B**.

TIRAR DE DENTRO I

C Considerando-se como **A** uma parte do corpo [por exemplo: dedo(s) de uma ou ambas as mãos]; considerando-se como **B** outra parte do corpo ou objeto [boca, narina, orelha, tubo, canudo, saco plástico ou outro] e estando **A** *d*entro de **B**,

R mover, deslocar ou deslizar **A** contra as paredes internas de **B**, produzindo:

P a saída de **A** através de abertura em **B** e deixando **A** de estar envolvido por **B**.

TIRAR DE DENTRO II

C Considerando-se como **A** uma parte do corpo [por exemplo: dedo(s) de uma ou ambas as mãos]; considerando-se como **B** outra parte do corpo ou objeto [boca, narina, orelha, tubo, canudo, saco plástico ou outro] e estando **A** dentro de **B**,

R transportar ou atritar **A** contra as paredes internas de **B**, produzindo:

P a saída de **A** através de abertura em **B** e deixando **A** de estar envolvido por **B**.

LACRIMEJAR

C —

R —

P Secreção de lágrimas sobre o globo ocular, podendo escorrer pela face.

LAMBER

C Estando a extremidade da língua fora da boca, em contato com objeto ou estrutura corporal,

R deslizá-la, produzindo:

P umedecimento desse objeto ou estrutura corporal.

LAVAR OBJETO

C Considerando-se um objeto contendo material sobre ele (resto de comida, tinta, sujeira ou outro) que esteja preso entre os dedos de uma das mãos, emitir os seguintes comportamentos, aproximadamente nesta sequência:

R – (*) transportar o objeto até sob uma torneira aberta, ou abrir a torneira depois de o objeto estar sob ela, molhando-o;

– transportar o objeto, distanciando-o da torneira;

– fechar a torneira;

– (*) deslizar a mão no sabão ou atritar a esponja (ou pano) contra o sabão, ou despejar detergente sobre esponja (sobre o pano ou sobre o próprio objeto);

– (*) deslizar a mão ou atritar a esponja (ou pano) com o sabão (ou detergente) contra o objeto, com movimentos circulares ou vaivém;

– abrir a torneira;

– transportar o objeto até sob a torneira aberta;

– (*) deslizar mão ou atritar pano (ou esponja) contra o objeto e ou deixar a água correr, até sair o sabão ou detergente; resultando em:

P remoção do material existente sobre o objeto.

Obs.: Os itens da "Resposta", que estão precedidos por asteriscos, referem-se aos comportamentos que, basicamente, definem o "Lavar Objeto".

LEVANTAR A CABEÇA (def. agrupada com INCLINAR A CABEÇA I, II e III)

MAMAR

C Estando o bico da mamadeira introduzido na boca,

R sugar o líquido de seu interior e engoli-lo.

P —

Obs.: São observáveis, concomitantes ao "Mamar":
- Movimento de lábios e bochechas;
- Agitação ou liberação de bolhas no líquido, no interior da mamadeira.

MANDAR BEIJO (def. agrupada com BEIJAR)

MASTIGAR

C Estando um bocado de alimento dentro da boca,

R mover o maxilar inferior, aproximando-o do superior, apertando o alimento entre os dentes pré-molares e molares e, em seguida, movê-lo, afastando-o do maxilar superior, alternada e repetidamente, resultando em:

P alimento triturado.

MISTURAR

C Estando a extremidade de um talher em contato com alimento, bebida, condimento ou outro,

R mover o antebraço e outras estruturas do membro superior, descrevendo círculos ou fazendo zigue-zagues com a extremidade do talher, resultando em:

P uma mescla de alimento, bebida, condimento ou outro, mescla mais uniforme do que aquela que existia anteriormente.

MOLHAR I e II/ ENXUGAR/ LIMPAR A BOCA

MOLHAR I e II

C Considerando-se um objeto ou estrutura corporal enxuta (ou seja: sem água ou outro líquido visível sobre sua superfície),

R **I** - despejar líquido sobre esse objeto ou estrutura, ou

II - transportar esse objeto ou estrutura até sob uma torneira aberta ou sob líquido que esteja sendo despejado, produzindo:

P a impregnação do objeto com o líquido ou a presença de líquido sobre o objeto ou estrutura corporal.

ENXUGAR

C Considerando-se um objeto ou estrutura corporal com água ou líquido sobre sua superfície,

R atritar um pano ou papel absorvente contra o objeto ou estrutura corporal, geralmente com movimentos circulares ou de vaivém, produzindo:

P objeto ou estrutura enxutos (ou seja: com ausência de água ou outro líquido sobre a sua superfície).

LIMPAR A BOCA

C Considerando-se o(s) lábio(s) de uma pessoa com material sobre ele(s) (resto de comida, água, batom ou outro líquido),

R atritar um pano ou papel absorvente contra o(s) lábio(s), deslisando ao longo dele(s) ou com toques sucessivos ao longo dele(s), produzindo:

P lábio(s) com ausência de resto de comida, água ou outro líquido, ou batom.

MORDER

C Estando um objeto ou estrutura corporal (mão, braço ou outra) preso entre os dentes,

R apertar esse objeto ou estrutura com os dentes, produzindo:

P **I** - a divisão do objeto em partes distintas, ao longo da linha de contato com os dentes, ou um sulco entrecortado (marcas dos dentes), ao longo dessa linha de contato com o objeto ou estrutura corporal;

II - um sulco entrecortado (marcas dos dentes), em parte ou ao longo de toda a linha de contato dos dentes com o objeto ou a estrutura corporal.

Obs.: O Produto **II** pode ser observado quando, por exemplo, a pessoa morde o próprio braço ou a criança, em uma disputa por brinquedo, morde a mão (braço, perna ou outra estrutura corporal) de seu oponente.

MOSTRAR I e II

MOSTRAR I

C Estando uma estrutura corporal (por exemplo: mão, pé, rosto) em uma certa posição,

R deslocá-la ou movê-la, colocando:

P a estrutura corporal na direção do olhar de uma pessoa.

MOSTRAR II

C Estando um objeto preso a uma estrutura do membro superior (por exemplo: em uma das mãos),

R transportá-lo, colocando:

P o objeto na direção do olhar de uma pessoa.

Obs.: É frequente que Mostrar I e II sejam precedidos e/ou acompanhados de verbalização do tipo: "Veja", "Olhe isto", "Olha o que eu fiz"; ou equivalentes.

MOVER

C Considerando-se um ou mais músculos em certo estado de contração ou extensão,

R estender ou contrair esse(s) músculo(s), produzindo:

P um ou mais dentre os seguintes resultados:

– mudança na posição de uma ou mais estruturas corporais em relação a outras estruturas corporais e em relação ao ambiente;

– mudança em certas propriedades da estrutura corporal, tais como forma, cor etc;

– mudança no ambiente físico.

MOVER A CABEÇA PARA A FRENTE / MOVER A CABEÇA PARA O LADO

VOLTAR A CABEÇA PARA FRENTE

C Estando a cabeça e o tronco formando uma postura qualquer (exceto a que vai constituir o produto do comportamento),

R mover a cabeça axialmente (em torno do próprio eixo), produzindo:

P rosto voltado para frente, ou seja, no mesmo sentido que a parte ventral do tronco.

VOLTAR A CABEÇA PARA O LADO

C Estando a cabeça e o tronco formando uma postura qualquer (exceto a que vai constituir o produto do comportamento),

R mover a cabeça axialmente (em torno do próprio eixo), produzindo:

P rosto voltado para a lateral direita ou esquerda do corpo.

MOVER A CABEÇA PARA O LADO (def. agrupada com MOVER A CABEÇA PARA A FRENTE)

MOVER AXIALMENTE

C Considerando-se uma estrutura corporal,

R mover essa estrutura em torno do seu eixo longitudinal[62], produzindo:

P giro(s) da estrutura em torno desse eixo.

[62] Longitudinal = veja NR 49.

MOVER O TRONCO PARA A FRENTE / MOVER O TRONCO PARA O LADO

MOVER O TRONCO PARA FRENTE

C Estando o tórax e o abdômen formando uma postura qualquer (exceto a que vai constituir o produto do comportamento),

R mover o tronco axialmente (em torno do próprio eixo), produzindo:

P a parte ventral do tórax (peito) voltada no mesmo sentido que a face ventral do abdômen (barriga).

MOVER O TRONCO PARA O LADO

C Estando o tórax em uma postura qualquer (exceto a que vai constituir o produto do comportamento),

R mover o tronco axialmente (em torno do próprio eixo), produzindo:

P tronco e tórax voltados para o mesmo lado (direito ou esquerdo).

MOVER O TRONCO PARA O LADO (def. agrupada com MOVER O TRONCO PARA A FRENTE)

"NEGATIVO, SINAL DE" (veja SINAL "NEGATIVO")

"POSITIVO, SINAL DE" (veja SINAL DE "POSITIVO")

OLHAR

C Estando o(s) olho(s) aberto(s),

R mover a(s) íris em direção a um objeto ou pessoa.

P —

PENDURAR-SE

C —

R Mover os membros superiores (e algumas vezes outras estruturas do corpo), produzindo:

P a posição "pendurada" em que:

– as plantas dos pés ficam distanciadas de uma superfície de apoio; e

– o ponto de apoio do corpo é constituído por antebraços e cotovelos sobre uma superfície horizontal (assento de uma cadeira, borda de uma mesa ou outros) ou pela mão presa a uma estrutura ou objeto (galho de árvore, parte superior de um muro ou outros).

PRENDER / SOLTAR

PRENDER

C Considerando-se *como* **A**: partes do membro superior, ou partes do membro inferior ou os dentes e considerando-se *como* **B**: um ou mais objetos ou estruturas corporais, e estando **A** *encostado em* **B**, tocando nele em dois ou mais pontos opostos,

R mover a(s) estrutura(s) corporal(ais) **A**, exercendo pressão contínua no sentido superfície/interior do objeto ou estrutura corporal **B**, produzindo:

P a preensão contínua de **B** (ou seja: **B** é mantido em contato contínuo com as referidas estruturas corporais).

Obs. 1: "Prender" difere do "Apertar" porque "Apertar" resulta em deformação ou esmagamento de **B**.

Obs. 2: "Prender" difere do "Encostar" porque, no caso de "Prender", quando **B** está em contato com uma superfície de apoio, a(s) estrutura(s) corporal(ais) **A** permanece(m) numa disposição tal que permite(m) a elevação de **B**.

SOLTAR

C Considerando-se *como* **A**: partes do membro superior, ou partes do membro inferior ou os dentes e considerando-se *como* **B**: um ou mais objetos ou estruturas corporais, e estando **B** *preso por* **A** em dois ou mais pontos opostos,

R mover a(s) estrutura(s) corporal(ais) **A**, no sentido interior/superfície do objeto ou da estrutura corporal **B**, produzindo:

P a liberação de **B** (ou seja: **B** fica distanciado de **A** e cai, se estiver acima e distanciado de uma superfície de apoio).

RASGAR

C Estando um objeto preso pelo menos por dois pontos (entre duas estruturas do corpo ou entre uma estrutura corporal e um suporte ou peso),

R transportar uma parte e manter a outra fixa (ou transportar uma parte em um sentido e a outra em sentido oposto), resultando no:

P rompimento do objeto em dois pedaços ou mais.

Obs.: O "Rasgar" se aplica a papel, pastel, a folhas de plantas, a plástico, panos ou outros.

RECEBER (def. agrupada com DAR I e II)

ROSQUEAR I, II e III / DESROSQUEAR I, II e III

ROSQUEAR

C Considerando-se dois objetos rosqueáveis entre si (por exemplo: um recipiente e sua tampa, dois canos encaixáveis, parafuso e porca etc), cujas bordas com rosca estejam em contato (a interna de um e a externa de outro), e estando um ou ambos os objetos presos entre os dedos da(s) mão(s),

R realizar uma das seguintes ações:

I - girar o primeiro objeto (por exemplo: tampa) em sentido horário, mantendo imóvel o segundo objeto (por exemplo: recipiente);

II - girar o segundo objeto (recipiente) em sentido anti-horário, mantendo imóvel o primeiro (tampa);

III - girar o primeiro objeto (tampa) em sentido horário e, simultaneamente, girar o segundo (recipiente) em sentido anti-horário, produzindo:

P a junção dos dois objetos, que ficam presos um ao outro, de modo que, se o primeiro (tampa) for erguido, o segundo (recipiente) se erguerá junto.

Obs.: O rosqueamento pode ser feito de modo parcial (quando foram realizados parte dos giros, o que é perceptível por ser possível dar ainda mais um ou mais giros) ou *total* (quando todos os giros foram feitos, o que se percebe quando, por mais que se force, nenhum outro giro ocorre).

DESROSQUEAR I, II e III

C Considerando-se dois objetos que estejam rosqueados um no outro e estando um ou ambos presos entre os dedos da(s) mão(s),

R **I** - girar o primeiro objeto (por exemplo: tampa) em sentido anti-horário, mantendo imóvel o segundo objeto (por exemplo: recipiente);

II - girar o segundo objeto (recipiente) em sentido horário, mantendo imóvel o primeiro (tampa);

III - girar o primeiro objeto (tampa) em sentido anti-horário e, simultaneamente, girar o segundo (recipiente) em sentido *horário*, produzindo:

P a *separação* dos dois objetos, que ficam soltos um do outro, de modo que, se o primeiro (tampa) deles for erguido, ele ficará distanciado do segundo.

Obs. 1: Quando os dois objetos estão presos um ao outro, oferecendo dificuldade para o desrosqueamento, estando a pessoa sentada (ou podendo estar em pé), é possível prender duplamente o segundo objeto (recipiente):

(a) Entre as coxas e, ao mesmo tempo,

(b) Entre dedos de uma das mãos e, simultaneamente, prender o primeiro objeto (tampa) entre os dedos da outra mão. E, em seguida, proceder à resposta de Girar I.

Obs. 2: Em alguns frascos de remédio, um dispositivo de segurança impede que o giro anti-horário efetue o desrosqueamento, exigindo, primeiramente, que se pressione a tampa no sentido tampa/base do frasco, enquanto, simultaneamente, se faz o giro anti-horário. Em outros frascos, outro dispositivo exige iniciar o giro anti-horário com força, de modo a que pinos laterais que travam o giro, sejam ultrapassados e / ou rompidos.

RUBORIZAR

C —

R —

P Pele do rosto, principalmente das bochechas, com uma coloração mais avermelhada do que a cor normal.

SACUDIR

C Estando uma estrutura corporal ou objeto preso por meio de uma ou ambas as mãos,

R mover o(s) antebraço(s) em vaivém, produzindo:

P estrutura corporal (ou objeto preso) alternando sua posição: para cima e para baixo, ou para um lado e para o outro.

SALPICAR

C Estando preso sal (ou outra substância em pó) entre as partes distais ventrais dos dedos[63] polegar, indicador e médio (ou polegar e indicador, ou polegar e médio),

R deslizar essas partes dos dedos entre si e, simultaneamente, deslocar a mão acima de uma superfície (por exemplo: um prato contendo salada), deixando cair porções da substância, resultando em:

P porções da substância espalhadas em pontos dispersos da superfície.

SENTAR

C —

R Mover os membros inferiores (e algumas vezes outras estruturas do corpo), produzindo:

P a posição "sentada", em que as nádegas (e, algumas vezes, uma parte da porção posterior da coxa ou toda ela) ficam em contato com uma superfície horizontal e a parte superior do tronco (peito) fica distanciada dessa superfície, formando com ela ângulo em torno de 90 graus.

SERVIR ALIMENTO I e II

C Considerando uma pessoa com um recipiente (travessa, frigideira, panela ou outros) contendo alimento, preso em uma das mãos ou apoiado na mesa, um talher preso na outra mão e um prato apoiado na mesa (ou preso na mão de outra pessoa),

R **I** - Aproximar ao prato o recipiente e o talher; atritar o talher contra o recipiente, no sentido centro-borda do recipiente, empurrando o alimento para fora do recipiente, ou

II - Transportar o talher até o recipiente; pegar alimento com o talher; transportar o talher com alimento até perto do prato; e despejar o alimento sobre o prato, resultando em:

P porção de alimento depositada no prato.

[63] A saber: preso entre as pontas dos dedos, na região oposta às unhas.

Obs.: Tanto I como II podem ocorrer como respostas únicas, ou serem repetidas, em sucessão. Por exemplo: se a pessoa que executa o Servir Alimento está servindo a uma outra pessoa, ela pode repetir a sequência até que a pessoa que está sendo servida peça para ela parar.

SINAL DE "NÃO" COM A CABEÇA / SINAL DE "SIM" COM A CABEÇA

SINAL DE "NÃO" COM A CABEÇA

C Estando a cabeça ereta (levantada) voltada para a frente,

R movê-la axialmente (girá-la em torno de seu eixo) em direção a um dos ombros e, em seguida, em direção ao outro. Em geral, esses giros, nos dois sentidos, se alternam duas ou mais vezes.

P —

SINAL DE "SIM" COM A CABEÇA

C Estando a cabeça ereta (levantada),

R inclinar a cabeça para frente e levantar a cabeça. Em geral, esses movimentos, nos dois sentidos, se alternam por duas ou mais vezes.

P —

SINAL DE "NEGATIVO" / SINAL DE "POSITIVO"

SINAL DE "NEGATIVO"

C —

R Fletir (dobrar) os dedos indicador, médio, anular e mínimo de uma das mãos, geralmente a dominante; estender totalmente o polegar; e orientar *para baixo* a extremidade distal (a ponta) do polegar. A mão pode ser deslocada à frente e, concomitantemente, de modo alternado e repetitivo, para baixo e para cima. Menos frequentemente, a resposta pode ser executada, de modo igual, com ambas as mãos.

P —

SINAL DE "POSITIVO"

C —

R Fletir (dobrar) os dedos indicador, médio, anular e mínimo de uma das mãos, geralmente a dominante; estender totalmente o polegar; e orientar *para cima* a extremidade distal (a ponta) do polegar. A mão pode ser deslocada para a frente e, concomitantemente, de modo alternado e repetitivo, para frente e para trás. Menos frequentemente, a resposta pode ser executada, de modo igual, com ambas as mãos.

P —

SINAL DE "POSITIVO" (def. agrupada com SINAL DE "NEGATIVO")

SINAL DE "SIM" COM A CABEÇA (def. agrupada com SINAL DE "NÃO" COM A CABEÇA)

SOLTAR (def. agrupada com PRENDER)

SORRIR

C Estando os lábios em sua posição mais frequente,

R movê-los em sentido centro-lateral, resultando:

P lábios alongados e, simultaneamente, erguidos em seus cantos externos, podendo a boca ficar fechada ou aberta (com dentes visíveis ou não).

Obs.: Neste Catálogo, Sorrir, Rir e Gargalhar são indicados como Sorrir. Segundo Fagundes (1987):

a) O alongamento dos lábios, que geralmente ocorre em ambos os cantos da boca, pode ter predominância em um deles ou, mais raramente, se dar em um único canto;

b) Junto com o alongamento dos lábios, dá-se intumescimento das bochechas e contração ao redor dos olhos, ficando os olhos: desde ligeiramente fechados (num sorrir mínimo) até completamente fechados (por exemplo: em uma risada ou gargalhada);

c) Sorrir, rir e gargalhar podem ser considerados como variação de intensidade da resposta, respectivamente: mínima, média e máxima.

d) Pode ocorrer expiração relativamente ruidosa e emissão de sons fonêmicos, produzidos de maneira única ou como uma sequência repetitiva (sons do tipo: "há", "hé", "hi", "hem" ou "hum", sendo mudo ou aspirado o som do "h");

e) No "sorrir" junto com o principal, que é a retração dos lábios para os lados e para o alto, ocorrem muitas outras reações, mais de 50 quando é uma gargalhada. A principal reação é a contração ao redor dos olhos, com o fechamento parcial ou total deles. Essa contração tem sido usada para diferenciar o "sorrir" espontâneo (verdadeiro) do posado ou forçado (falso), por exemplo por Ekman e Friesen (1982). Veja tal diferença nas 2 fotos que ilustram a capa desse livro.

SUBIR / DESCER

SUBIR

C Estando o corpo situado em certo lugar do espaço,

R mover alternadamente os membros inferiores (e algumas vezes outras estruturas do corpo), produzindo:

P uma mudança de posição do corpo, para um ponto de apoio em plano *superior* àquele em que estava situado anteriormente.

DESCER

C Estando o corpo situado em certo lugar do espaço,

R mover alternadamente os membros inferiores (e algumas vezes outras estruturas do corpo), produzindo:

P uma mudança de posição do corpo para um ponto de apoio em plano *inferior* àquele em que estava situado anteriormente.

TIRAR DE DENTRO I e II (def. agrupada com INTRODUZIR I e II)

TIRAR DO GARFO ou UTENSÍLIO I, II e III (def. agrupada com ESPETAR)

TIRAR ROUPA (def. agrupada com VESTIR)

TOMAR OBJETO

C Tendo a pessoa **A** prendido um objeto nas mãos e a pessoa **B** deslocado a(s) mão(s) em direção a esse objeto,

R **B** prender o objeto, enquanto **A** o mantém preso e, geralmente de modo abrupto, transportá-lo em direção a si, seguido de **A** soltar o objeto, produzindo:

P objeto preso nas mãos de **B**.

TOSSIR

C —

R Expirar bruscamente, pela boca, resultando em:

P ruídos, produzidos pelas cordas vocais.

TRANSPORTAR

C Estando um objeto ou pessoa (criança, por exemplo) preso a uma estrutura corpórea, da cabeça, do membro superior ou inferior,

R mover ou deslocar essa estrutura corpórea, produzindo:

P mudança, no espaço, na posição do objeto (ou pessoa) transportado(a).

TRANSPORTAR OBJETO HORIZONTALMENTE (def. agrupada com ERGUER OBJETO)

VESTIR / TIRAR ROUPA

VESTIR

C Considerando-se uma roupa, quando única (por exemplo um vestido), ou e uma de suas peças, quando mais de uma peça (por exemplo, uma camisa e uma calça), que esteja próxima do corpo da pessoa,

R prender uma parte da roupa única, ou de uma das peças de roupa, entre os dedos de uma ou ambas as mãos, transportá-la para junto do corpo, atritá-la nele e soltá-la; sendo mais de uma peça, repetir essa sequência com a(s) outra(s) parte(s) da(s) mesma(s), ficando:

P a roupa única, ou cada uma de todas as suas peças, em contato com a parte do corpo a ela(s) correspondente(s).

TIRAR ROUPA

C Estando uma pessoa vestida com determinada roupa, quando única, ou com uma de suas peças de roupa,

R prender uma parte da roupa única, ou de uma de suas peças de roupa, entre os dedos de uma ou ambas as mãos, transportá-la para longe do corpo e soltá-la, repetindo essa sequência com outra(s) parte(s) dela(s) se mais de uma peça, ficando:

P a(s) peça(s) de roupa distanciada(s) da parte do corpo a ela(s) correspondente(s).

Obs. 1: No Vestir e Tirar Roupa, muitas vezes, o transportar envolve introdução de partes do corpo (cabeça, membros) em partes das peças de roupa (gola ou decote, mangas, pernas de calças ou outros).

Obs. 2: Dependendo da peça de roupa em questão, o Vestir e o Tirar a Roupa podem requerer outras operações antes ou depois do que foi definido. Assim, para que a resposta de Vestir seja concluída, pode ser necessário executar Abotoar, Amarrar, prender com colchetes de pressão, prender com velcro ou outras. No caso do Tirar a Roupa, pode ser necessário iniciar a resposta com o Desabotoar, Desamarrar, soltar colchetes de pressão, soltar velcro ou outras.

Obs. 3: O Vestir e o Tirar Roupa tanto pode ser executado por:

a) Quem se veste ou tira a roupa por si próprio;

b) Uma segunda pessoa que veste ou tira a roupa de uma primeira;

c) Uma segunda pessoa que auxilia a primeira, executando parte das ações ou ajudando-a a executar algumas ou todas as ações.

REFERÊNCIAS

Alves, Z. M. M. B. (1973). *Análise da interação mãe-criança: um estudo longitudinal (dos dois aos seis meses) da evolução das sequências de interação.* [Tese de Doutorado, Instituto de Psicologia da Universidade de São Paulo].

Aulete, C. (s.d.). Longitudinal. *In Aulete digital.* Recuperado em 15 de setembro de 2014, de http://www.aulete.com.br/longitudinal#ixzz3D9gjtxM9

Batista, C. G. (1980). Elaboração de um catálogo de comportamentos motores observados na interação entre pais e filhos. *Psicologia*, 6(3) 47-81.

Cunha, W. H. A. (1975). O estudo etológico do comportamento animal. *Ciência e Cultura*, 27, 262-268.

Ekman, P., & Friesen, W. V. (1982). Felt, false, and miserable smiles. *Journal of Nonverbal Behavior*, 6(4), 238–252. https://doi.org/10.1007/BF00987191

Fagundes, A. J. F. M. (1987). *O sorrir e as respostas que o acompanham*, [Tese de Doutorado, Instituto de Psicologia da Universidade de São Paulo].

Ferreira, A. B. H. (1975). Novo dicionário da língua portuguesa. Nova Fronteira.

McGrew, W. C. (1972). *An ethological study of children's behavior.* Academic Press.

Vieira, T. A. M. (1975). *Elaboração de um catálogo de categorias de comportamentos: uma contribuição para o estudo etológico do homem.* [Dissertação de Mestrado, Instituto de Psicologia da Universidade de São Paulo].

ANEXO

EXEMPLO DE PESQUISA OBSERVACIONAL

Transcrevemos, a seguir, uma pesquisa observacional realizada por Maria Olímpia Jabur Saicali, quando ainda era aluna do curso de Psicologia da PUC de São Paulo e estava solteira. Foi publicada na revista *Modificação de Comportamento: Pesquisa e Aplicação*, em 1976. A transcrição é feita com autorização da autora e da revista, aos quais agradecemos.

A finalidade desta inclusão é simples: queremos fornecer-lhe um relato completo de um trabalho observacional que tenha aplicado noções e técnicas tratadas no presente livro, para que saiba não apenas o que deve ser feito, mas veja o que, concretamente, se costuma fazer em pesquisas desta natureza. E para que consiga formar uma ideia mais clara, completa e integrada do que tentamos ensinar-lhe de maneira fragmentada em cada um dos diferentes capítulos do livro.

Por fim, a transcrição se presta a duas outras finalidades:

a) Permite que você verifique uma das maneiras de se utilizar as técnicas de observação para *aplicação prática imediata* (que nesse caso foi descobrir o melhor local para uma criança estudar em sua própria casa) e,

b) Igualmente, lhe fornece um *relatório completo*, de pesquisa, escrito de acordo com as normas de uma linguagem científica (e todos os requisitos técnicos para publicação em revista especializada).

É bom informá-lo de que o relatório que vai ler descreve apenas o primeiro trabalho da autora com a criança, que tinha dificuldade em estudar, embora passasse grande parte do tempo com livros e cadernos escolares na mão. E foi baseado nas informações obtidas nesse trabalho que um segundo pôde ser feito, intervindo diretamente nos problemas da criança e conseguindo sucesso, pois passou a estudar de maneira adequada e a ter um bom desempenho escolar.

No *Apêndice A*, Exercício IX, incluído a partir da 14ª edição do livro, você encontrará algumas questões de estudo a respeito da presente pesquisa.

EFEITO DO LOCAL DE ESTUDO NO COMPORTAMENTO DE ESTUDAR[1]

Maria Olímpia Jabur

Faculdade de Psicologia da Pontifícia Universidade Católica de São Paulo

A presente pesquisa utilizou do registro de intervalo, a fim de determinar qual o local de estudo mais apropriado para uma criança com hábito de estudo inadequado vir a estudar. O sujeito[2] foi observado em ambiente natural, nos três locais em que estudava (copa, quarto de estudos e quarto de dormir). Foi utilizado controle instrucional[3] para garantir que o sujeito desempenhasse suas atividades escolares e não conversasse com o experimentador durante a observação.

Os resultados demonstraram que o quarto de dormir foi o local que forneceu menor estimulação auditiva, visual e social, em relação aos outros dois locais. Desta forma, o quarto de dormir pode ser estabelecido como local de estudo para o sujeito.

Segundo a teoria do reforçamento, o comportamento do ser humano é função importante de suas contingências ambientais. Derivam dessa afirmação alguns problemas importantes: o reconhecimento da existência de variação de estímulos visuais, auditivos e sociais em ambientes específicos e o fato de não só adultos, mas também crianças, serem discriminadores competentes desses estímulos.

---

[1] Reproduzido com autorização da autora e da revista (que deixou de circular): *Modificação de Comportamento: Pesquisa e Aplicação*, n. 1, p. 1-31, 1976. Fez-se alterações gráficas no texto e substituiu-se as tabelas por figuras.

[2] Nesta pesquisa, e em muitas outras que você encontra, emprega-se o termo "Sujeito" para se referir a uma pessoa que tomou parte nela. Mais recentemente, passou-se a reservar a palavra "Sujeito" quando se empregou um animal e "Participante", quando se teve a colaboração de um humano.

[3] Controle instrucional = instrução dada pela pesquisadora para (o Participante) ater-se ao estudo (está fornecido no Procedimento).

Grande parte dos comportamentos das crianças adaptam-se à variação de estímulos e às consequências sociais dos diversos locais onde atuam (Iñesta, 1972)[4].

Desses locais, os que vêm sendo alvo de maior número de estudos têm sido aqueles relacionados com atividades acadêmicas. As técnicas de análise experimental foram aplicadas em inúmeros problemas acadêmicos, como na eliminação de comportamento agressivo na sala de aula (Leblanc, Basby e Thompson, 1974), na instalação de hábitos adequados de estudo (Vollirath e Clark, 1973).

Nesses estudos, tanto para eliminar comportamentos inadequados, como para instalar comportamentos acadêmicos, foram considerados os seguintes passos: especificação dos objetivos comportamentais, das condições necessárias para manipulação dos comportamentos, aplicação de procedimentos adequados ao problema em estudo e análise dos resultados obtidos. Para facilitar a aplicação das técnicas de análise comportamental, o controle instrumental tem sido utilizado em muitas pesquisas (Schutte e Hopkins, 1970; Baer, Bowbory e Baer, 1973). Esses estudos mostraram que, por meio de comportamento verbal preciso e objetivo, o experimentador fornecia ao sujeito guias eficazes para desempenho do comportamento de estudar adequado.

Utilizando esses instrumentos de pesquisas, foram realizados trabalhos diretamente relacionados com instalação de hábitos de estudo adequados, na escola (Vollirath e Clark, 1973; Gaasholt, 1970; Hamblin, Hathaway e Wodaski, 1973).

Relativamente, poucas pesquisas procuraram aplicar os dados coletados em tantos estudos acadêmicos, no estabelecimento de local de estudo onde a criança pudesse fazer suas tarefas escolares em menor prazo de tempo e com maior aproveitamento. Fox (1966) realizou um estudo onde demonstrou que especificando o horário e local (no caso escola) em que o comportamento de estudar deveria ocorrer, os alunos poderiam obter rendimentos adequados em suas atividades escolares.

---

4 As citações, nessa pesquisa, seguindo as exigências da revista onde foi publicada, estão feitas conforme as normas da APA – Associação Americana de Psicologia, vigentes em 1976, ano em que o presente artigo foi publicado.

O presente trabalho procurou, por meio de observação do sujeito em situação natural (lar), verificar qual o local de estudo mais apropriado para uma criança, com hábitos de estudo inadequados, vir a estudar.

A contribuição deste trabalho está no incentivo que seus dados fornecerão para pesquisas sobre local de estudo, elemento carente de trabalhos controlados e precisos.

MÉTODO

Sujeito

O sujeito foi uma criança de 12 anos de idade, do sexo feminino, frequentando a 5ª série do Ensino Fundamental de um colégio particular[5]. Apresentava os seguintes problemas quanto ao comportamento de estudar: dispendia a maior parte do tempo que permanecia em casa com os livros e cadernos escolares; desempenhava, assistematicamente, suas tarefas escolares em três locais de sua casa; sua performance acadêmica foi avaliada pelo professor como insuficiente.

Na época em que esta pesquisa foi realizada, o sujeito fazia treino de ortótica e psicomotricidade.

Situação

O estudo foi realizado em situação natural, na casa do sujeito, especificamente, na copa, no quarto de estudos e no quarto de dormir do sujeito. Cada um desses locais apresentava determinadas características quanto à estimulação visual, auditiva e social. Considerou-se como *estimulação visual*[6]: quadros, enfeites, brinquedos, material escolar, televisão e todas as pessoas que se encontrassem nos locais de estudo.

A *estimulação auditiva* consistiu em: som da televisão, toque do telefone, ruído de automóvel, ruídos de panelas, pratos e de água, e a voz de todas as pessoas que estivessem próximas ao sujeito.

---

[5] Por razões éticas, a autora, acertadamente, não forneceu dados que pudessem identificar a criança ou a sua escola. Faça sempre assim quando descrever os Participantes de suas pesquisas.

[6] Os itens, especificados nos 3 tipos de estimulação que a autora aborda, foram anotados durante as 15 sessões de observação feitas pela autora, conforme especificado no procedimento desta pesquisa.

A *estimulação social* consistiu em estimulações visuais e auditivas produzidas pelas pessoas nos locais de estudo.

O local COPA apresentou as seguintes características quanto a:

1. *Estimulação visual* – a) televisão situada em frente à mesa do centro da copa; b) mãe do sujeito trabalhando na cozinha; c) pai e duas irmãs do sujeito que andavam pela copa; d) calendário e porta-chaves pregados nas paredes da copa; e) a iluminação da copa consistia de duas lâmpadas de 200 watts cada uma, situadas acima da mesa do centro da copa.

2. *Estimulação auditiva* – a) toque do telefone situado sobre uma mesa pequena próxima a uma das paredes da copa; b) som da televisão; c) voz da mãe cantando na cozinha; d) vozes e ruídos de passos do pai e irmãs do sujeito; e) som da água caindo na pia e ruído de pratos e talheres batendo uns contra os outros e contra a pia na cozinha.

3. *Estimulação social* – irmãs que conversavam e olhavam em direção ao sujeito. Ocasionalmente, outras pessoas conversavam e olhavam em direção ao sujeito; b) pais, irmãs e, ocasionalmente, outras pessoas que falavam, próximas ao sujeito.

O local QUARTO DE ESTUDOS apresentou as seguintes características quanto a:

1. *Estimulação visual* – a) estante de aproximadamente 3 metros de altura, ocupava toda a extensão de uma das paredes do quarto. A estante era pintada de branco, tendo quatro prateleiras com uma escrivaninha embutida, onde o sujeito guardava material escolar. Nas prateleiras encontravam-se livros de estudos tanto do sujeito como de suas irmãs. Na prateleira superior encontravam-se brinquedos coloridos e de madeira. Nas outras três achavam-se dispostos os seguintes objetos: caixas, porta-lápis e cinzeiros, todos de tamanhos, formas, cores e materiais variados; um porta-papel de metal verde, um calendário de acrílico azul. Estavam pregados na parede da estante gravuras de cartolina colorida, madeira e recortes de revistas; b) estavam pendurados em outra parede do quarto os seguintes objetos: gravuras, placas retangulares de metal colorido, duas bonecas de madeira e isopor, chaveiros, retratos, recortes de revistas, e um poster; c) em outra parede do quarto estavam afixados quatro pôsteres coloridos de cartolina e pano e dois móbiles coloridos de acrílico; d) mesa branca,

quadrada, de madeira, situada no centro do quarto e duas cadeiras, também de madeira branca forradas de pano colorido. Sobre a mesa achavam-se três cinzeiros de metal coloridos e redondos, um porta-lápis de vidro azul. Ocasionalmente, encontravam-se sobre a mesa livros, cadernos e pastas coloridas; e) a iluminação do quarto de estudos consistia em uma lâmpada de 200 watts que estava instalada acima da mesa.

2. *Estimulação auditiva* – a) ruídos de automóveis que passavam na rua; b) vozes e passos de pessoas que passavam na rua; c) vozes e passos de pessoas que entravam na garagem (onde estava situado o quarto de estudos) ou subiam a escada próxima da janela do quarto; d) vozes das irmãs e, ocasionalmente, de primos que estudavam no mesmo local; e) voz da mãe do sujeito que falava ou cantava no andar superior.

A intensidade da estimulação auditiva do quarto de estudos, em relação à da copa, era menor. Isto porque, apenas ocasionalmente, ocorria a presença de pessoas e os ruídos na rua, ou no andar superior da casa, estavam distantes do local.

3. *Estimulação social* – irmãs e, esporadicamente, primos que falavam e olhavam em direção ao sujeito.

O local QUARTO DE DORMIR apresentou as seguintes características quanto a:

1. *Estimulação visual* – a) estante de madeira, de aproximadamente 2 metros de altura, ocupava toda a extensão de uma das paredes do quarto. Tinha seis prateleiras e uma escrivaninha embutida onde o sujeito guardava alguns livros. Nas prateleiras encontravam-se coleções de livros, bonecas de vários tamanhos, materiais e cores; b) ocasionalmente, algum dos familiares entrava ou passava próximo do quarto do sujeito.

2. *Estimulação auditiva* – a) ruído de automóveis que passavam na rua; b) vozes e passos de pessoas na rua; c) vozes e passos de pessoas no andar superior da casa; d) som da televisão ligada no andar inferior da casa.

A intensidade de estimulação auditiva era menor no quarto de dormir, em relação aos outros dois locais. Isto porque apenas esporadicamente, alguma pessoa entrava no quarto e os ruídos produzidos no interior da casa, e na rua, estavam distantes do local.

3. *Estimulação social* – ocasionalmente, os pais ou as irmãs falavam, e olhavam em direção ao sujeito.

Procedimento

Na *primeira etapa* do trabalho, o experimentador, durante 2 meses, coletou dados sobre o comportamento de estudar do sujeito. Isso foi feito diariamente, por meio de registro contínuo[7] e, posteriormente, por registro de intervalo de 10 segundos, em sessões de observação de 30 minutos de duração.

Esses registros forneceram dados para a determinação das classes de respostas que iriam ser observadas no estudo.

As classes de respostas foram definidas operacionalmente como se segue:

a) comportamento de *estudar*: olhar em direção ao caderno, ao livro, ao bloco, à folha de cartolina; passar o dedo sob cada frase do livro ou caderno com ou sem movimentação dos lábios; escrever no livro, no caderno, na cartolina, na folha de fichário; recortar e colar figuras na cartolina, na folha de fichário e no caderno;

b) classes de respostas inadequadas, incompatíveis com o comportamento de estudar:

1. *olhar dispersivo* – olhar em direção a pessoas, ao teto da sala, à parede, à revista, aos livros não escolares, à televisão, às suas mãos, à cadeira onde estava sentado, à brinquedos;

2. *movimento dispersivo*: pegar objetos dos quais não necessitava para desempenhar suas tarefas escolares (mesmo que estivesse sentado); levantar da cadeira; sair do local de estudo; pôr as mãos dentro de sua mala escolar; pegar brinquedos, gravador, livros de estórias; movimentar o tronco para esquerda e para direita, para frente ou para trás (exibir este movimento com a cabeça ou mãos);

3. *verbalização dispersiva* – falar com outras pessoas, mesmo que fosse sobre material escolar; falar sozinho frases que não estavam relacionadas com o material acadêmico, cantar.

[7] É chamado de "Registro Contínuo" porque é feito quase ininterruptamente, de forma contínua. É outro nome para o seu bem conhecido "Registro Cursivo".

Na *segunda etapa* do trabalho, foram efetuadas 3 sessões de observação nas quais se testou, junto com um outro observador, a fidedignidade das definições das classes de respostas. Para isto, foi escolhido, aleatoriamente, um local de estudo num dia em que o sujeito estivesse estudando. O segundo observador foi uma das irmãs do sujeito. Este observador participou, também, dos cálculos de fidedignidade das observações por intervalo de 10 segundos, em sessões de 30 minutos. Os índices obtidos foram os seguintes: 93% na copa, 97% no quarto de estudos e 98% no quarto de dormir.

Numa *terceira etapa* (pré-teste), durante uma semana, testou-se a Folha de Registro e a instrução a ser dada ao sujeito.

A *instrução* consistiu de: uma parte geral que seria dada de modo claro, mas informal pelo experimentador no primeiro dia de pré-teste e de uma parte específica, padronizada, que seria apresentada no início de cada sessão.

A parte *geral* da instrução foi: "Eu vou estudar com você na terça, quarta, quinta e sexta-feira. Sempre das 21 h 30 às 22 h 30. Nós duas iremos estudar até acabarmos nossas lições. Como o que eu tenho de fazer é difícil, nós não vamos conversar. Assim que você acabar a lição pode fazer o que quiser, e assim que eu acabar, também vou fazer o que quiser."

A parte *específica* da instrução foi: "Hoje (dias determinados para a observação) nós duas vamos estudar neste local (qualquer um dos três locais) e vamos fazer nossas lições até acabarmos. Como o que tenho de fazer é difícil, nós não vamos conversar".

Na *quarta etapa* (coleta de dados), foram realizadas quinze sessões. As observações foram feitas nos três locais de estudo e foram distribuídas a partir do cálculo de combinação.

Tanto no pré-teste como na coleta de dados o período de observação começava após cinco minutos, espaço de tempo em que o sujeito sentava-se em frente à mesa, abria o livro ou caderno e começava a desempenhar suas tarefas escolares. A observação teve duração de 30 minutos para todas as sessões.

Terminado o período de observação, independente do sujeito ter ou não concluído sua tarefa, seria dito pelo experimentador: "Bem, agora terminei minhas lições, vou fazer outras coisas". Esta frase foi falada no final de todas as sessões. Caso o sujeito terminasse antes do final do período de observação, os dados desta sessão não eram considerados.

RESULTADOS

Comportamento de estudar

Quanto ao comportamento de *estudar*, foi observada, em todas as sessões, maior ocorrência no quarto de dormir (ocorrência máxima: 5ª sessão – 98%). Nos demais locais, a ocorrência do comportamento de estudar permaneceu abaixo de 95% (Figura 1).[8]

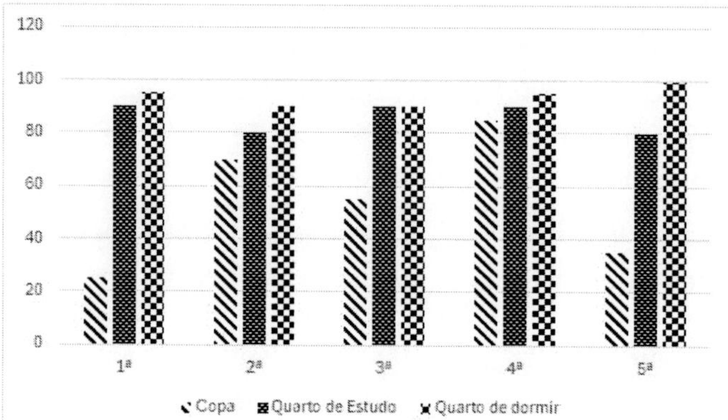

Figura 1 – Porcentagem do comportamento de estudar.

A variação maior do comportamento de estudar foi verificada na copa (entre 23% e 69% de ocorrências). Essa variação decresceu no quarto de estudos (entre 77% e 94% de ocorrências), quase não ocorrendo no quarto de dormir (entre 91% e 98% de ocorrências).

No quarto de dormir foi necessário substituir a 4ª sessão porque o sujeito apresentou problemas de saúde, o que alterou os dados dessa sessão.

Olhar dispersivo

Em relação ao comportamento *olhar dispersivo* verificou-se maior ocorrência na copa (73%, na 5ª sessão). Esse dado foi seguido pelo observado no quarto de

[8] Para melhor visualização dos resultados, as tabelas, apresentadas pela Autora, aqui foram substituídas por figuras. Na apresentação dos resultados de suas pesquisas, prefira sempre empregar figuras, em vez de tabelas, por serem de apreensão imediata. Numa passada de olhos, fica-se a par de tudo. Já as tabelas requerem leitura completa de cada uma das informações disponibilizadas.

estudos (21% de ocorrências na 5ª sessão) e com menor ocorrência no quarto de dormir (8% da 1ª à 4ª sessão) (Figura 2).

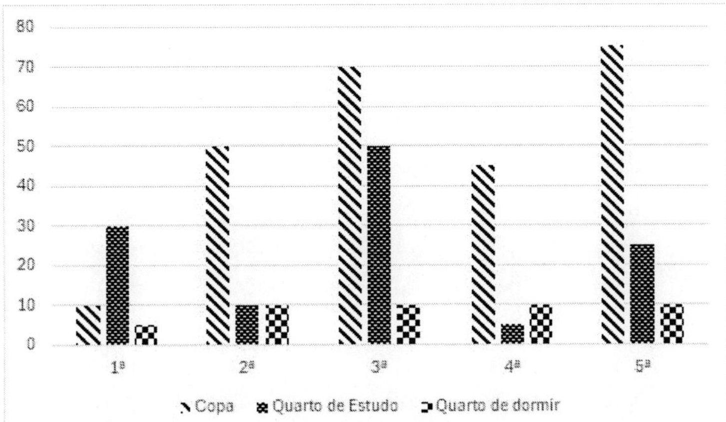

Figura 2 – Porcentagem do comportamento olhar dispersivo.

Na copa, registraram-se grandes oscilações dos dados (entre 11% e 73% de ocorrências do comportamento olhar dispersivo). No quarto de estudos a variação decresceu, sendo ainda menor no quarto de dormir.

Verbalização dispersiva

O comportamento *verbalização dispersiva* ocorreu com maior frequência na copa (52% de ocorrências na 4ª sessão). No quarto de estudos o dado máximo foi de 21% de ocorrências na 5% sessão. No quarto de dormir o comportamento verbalização dispersiva permaneceu ao nível de 8% de ocorrências (Figura 3).

Observou-se que a variação do comportamento verbalização dispersiva foi maior na copa. Esse dado foi seguido pelo coletado no quarto de estudos. No quarto de dormir a variação foi próxima a zero.

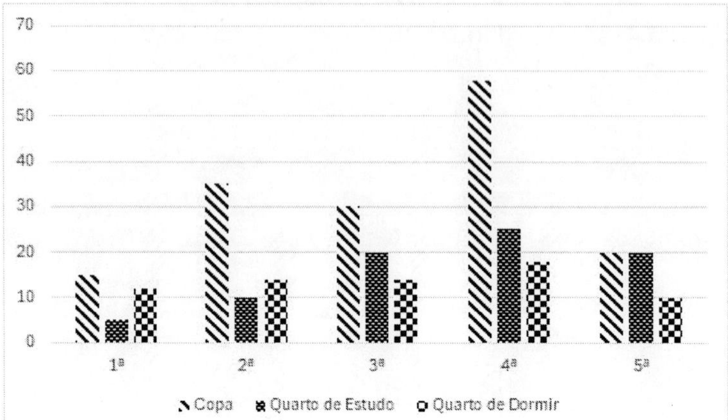

Figura 3 – Porcentagem do comportamento verbalização dispersiva.

Movimentação dispersiva

Quanto ao comportamento *movimento dispersivo* foi observada maior ocorrência na copa (74% na 1ª sessão). Nos outros dois locais a ocorrência permaneceu abaixo de 30% (Figura 4).

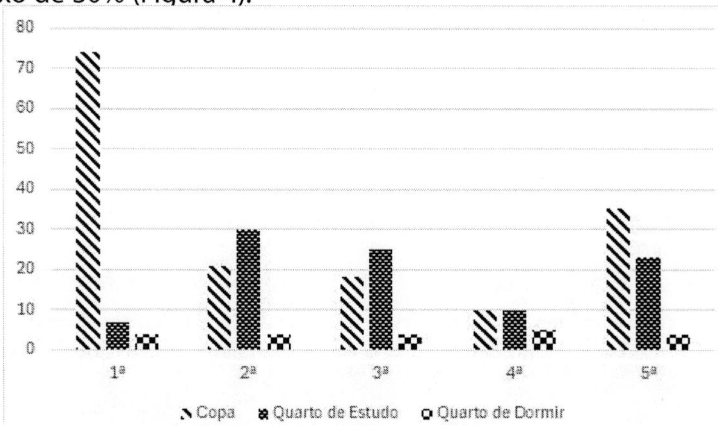

Figura 4 – Porcentagem do comportamento movimentação dispersiva.

Observou-se grande variação do comportamento *movimento dispersivo* na copa (entre 12% e 74% de ocorrências), sendo relativamente menor no quarto de estudos. No quarto de dormir a variação foi pequena, em relação aos outros dois locais.

DISCUSSÃO

O presente trabalho procurou investigar o efeito do local de estudo nas atividades acadêmicas de um sujeito com comportamento inadequado de *estudar*. Os dados obtidos mostraram que, em locais onde a estimulação visual, auditiva e social estavam presentes em maior quantidade e variedade, a ocorrência de comportamento incompatíveis com o de estudar foi maior. Em locais onde estímulos sociais, auditivos e visuais ocorriam com menor frequência e variedade, os comportamentos acadêmicos foram exibidos de modo mais adequado.

Estudos realizados (Robinson, 1946; Fox, 1972) também mostraram que o comportamento de estudar, independente de sua eficiência, não se encontra sob controle de estímulos adequados, nem de tempo, nem de lugar. Condutas condicionadas por circunstâncias incompatíveis com o comportamento de estudar interferem no estudo.

Pesquisas recentes (como, por exemplo, Hall, Connie, Granston e Tucker, 1970), que procuraram colocar sob controle de estímulos o comportamento acadêmico inadequado de alunos, podem ser consideradas como tentativas para evitar ou mesmo extinguir comportamentos incompatíveis com o de estudar. Contudo, em nenhum desses experimentos procurou-se estabelecer associação de estudo com apenas um local fixo. As atividades acadêmicas, que a maioria dos alunos manifesta, ,consistem, sobretudo, em uma cadeia de respostas que não são pertinentes ou que competem com a aprendizagem. Não ocorrendo o estabelecimento de um local de estudo, principalmente no lar, o aluno passa a ser controlado por estímulos incompatíveis com o comportamento de estudar.

O presente estudo vem corroborar a colocação acima, baseado nos dados obtidos por meio de registros feitos do comportamento de estudar nos três locais de estudo do sujeito.

Controlaram-se as estimulações social, auditiva e visual que ocorriam em maior quantidade na copa. Registrou-se que nesse local o sujeito apresentou maior ocorrência de comportamentos incompatíveis com o de estudar. Quais estimulações (visuais, auditiva e social) estariam controlando os comportamentos incompatíveis exibidos pelo aluno?

Foi observado que a estimulação social apresentou maior variação na copa, do que as estimulações visual e auditiva. Registrou-se também, que a estimulação social ocorreu em maior quantidade na copa do que nos outros dois locais. A questão é saber se esse dado seria suficiente para afirmar, com precisão, que a estimulação social estaria controlando os comportamentos incompatíveis do sujeito. Que outros procedimentos experimentais poderiam ser utilizados para obter dados mais seguros?

Experimentos em situações análogas à do presente estudo ou pesquisas em laboratórios poderiam ser efetuadas a fim de se coletar dados com maior precisão.

Questões semelhantes podem ser levantadas a respeito do quarto de estudo. Nesse local o sujeito apresentou menor ocorrência de comportamentos incompatíveis com o de estudar, em relação à copa. Registrou-se que no quarto de estudo as estimulações social e auditiva aparecem com menor variação do que na copa. Foi observado que a estimulação visual ocorreu em maior quantidade no quarto de estudo do que nos outros dois locais. Pelas próprias limitações do procedimento utilizado, seria pouco preciso assegurar que a estimulação visual estaria controlando os comportamentos incompatíveis com o de estudar. Pesquisa de laboratório e a construção de aparatos precisos poderiam ser utilizados como instrumentos eficientes para coletar dados sobre as estimulações observadas.

Que outras estimulações (social e auditiva) estariam controlando os comportamentos incompatíveis com o de estudar? Poder-se-ia sustentar que a menor variação de estímulos sociais estariam permitindo ao sujeito exibir menor frequência de comportamentos incompatíveis?

No quarto de dormir, o sujeito apresentou frequência menor de comportamentos incompatíveis com o de estudar, em relação aos outros dois locais. Que estimulações (visual, auditiva e social) ainda estaria controlando esses comportamentos incompatíveis? Os dados obtidos mostraram que a variabilidade da estimulação social, no quarto de dormir, é menor do que nos outros dois. Foi observado que tanto a estimulação social como auditiva apresentaram menor ocorrência no quarto de dormir. Registrou-se, também, que o comportamento de estudar ocorreu em maior quantidade nesse local. Esses dados permitiram estabelecer o quarto de dormir como local de estudo adequado para o sujeito.

Entretanto, a observação seria um procedimento suficiente para fornecer esse resultado?

Estudos (Iñesta, 1972; Baer, Bowbory e Baer, 1973) mostraram que comportamentos diferentes são suscetíveis de serem colocados sob controle de instruções verbais. Em situações, sobretudo acadêmicas, basta apresentar a instrução ao sujeito para que este emita o comportamento desejado, sem necessidade de passar por procedimentos mais elaborados de aprendizagem. "Assim, o estabelecimento de um repertório generalizado de tipo instrucional abrevia e reduz as formas de estimulação suplementar, os procedimentos de aprendizagem e a manutenção necessária para reduzir uma resposta" (Iñesta, 1972, p. 81). Entretanto, a instrução adequada será eficiente à medida que as estimulações incompatíveis com o estudo sejam controladas, permitindo assim a ocorrência de comportamento de estudar adequado.

Outro dado a ser considerado é que o controle instrucional poderá ser mantido sem necessidade de reforçar o sujeito por seguir a instrução.

Neste estudo o sujeito recebeu instrução padronizada em cada sessão. O sujeito era conduzido em cada sessão para um local diferente. Assim, foi possível controlar as estimulações visual, auditiva e social que ocorriam em cada local de estudo. A instrução foi considerada como instrumento que tornaria possível garantir que o sujeito não conversaria com o experimentador e desempenharia suas atividades escolares. Pode-se investigar, a partir destes dados, se a utilização de outros procedimentos experimentais teria fornecido resultados mais seguros do que os garantidos pelo controle instrucional.

Os resultados deste trabalho fornecem indicações importantes para se vir a modificar o hábito de estudo inadequado do sujeito. Como sugestão inicial, os dados obtidos propuseram o estabelecimento de um local de estudo fixo para o sujeito.

A sugestão seguinte é a utilização de instruções mais adequadas e o planejamento de contingência de reforço. Pretende-se, em estudo posterior, instalar no sujeito hábito de estudo eficiente que permita maior ocorrência de comportamento de estudar.[9]

Como sugestão para pesquisas posteriores coloca-se: realização de estudos com sujeitos de outras faixas de idade, individualmente ou em grupo. Pode-se considerar os dados levantados no presente estudo específicos para serem estendidos a outros sujeitos? O procedimento utilizado neste experimento seria adequado para grupos de sujeitos? Seria adequado aplicar o mesmo procedimento experimental deste estudo em crianças excepcionais?

Outra sugestão é o estabelecimento de local de estudo na escola com utilização de professor como experimentador.

REFERÊNCIAS[10]

Baer, A.; Bowbory, T. e Baer, D. M. The development of instructional control over classroom activities of deviant preschool children. *Journal of Applied Behavior Analysis*, 6, 289-298, 1973.

Cranston, S. S. Análise de linha de base múltipla de um procedimento para aumentar o desempenho em provas diárias de francês. In R. Vance Hall (Ed.), *Manipulação de comportamento:* aplicações na escola e no lar. São Paulo: EPU-EDUSP, 1973.

Gaasholt, M. Precision tecniques in the management of teacher and child behaviors. *Exceptional Children*, 37, 129-135, 1970.

---

[9] De fato, a autora realizou um segundo trabalho com o mesmo Participante, em sua casa, e conseguiu que ele adquirisse bons hábitos de estudo, aplicando técnicas de reforçamento.

[10] As referências estão como constam na publicação original, padronizadas conforme as normas da APA – Associação Americana de Psicologia, vigentes em 1976, que diferem das normas da ABNT – Associação Brasileira de Normas Técnicas seguidas no restante deste livro e podem ter coisas diferentes das normas da APA 7ª edição, modificadas em 2019, que foram seguidas neste livro. De fato, por exemplo, pelas novas prescrições, agora não mais se indica a cidade da editora que publicou a obra

Hall, R. V. *Manipulação de comportamento:* a mensuração do comportamento. São Paulo: EPU-EDUSP, 1973.

Hall, R. V.; Connie, C.; Cranston, S. S. e Tucker, B. Professores e pais como pesquisadores usando esquemas de linha de base múltipla. *Journal of Applied Behavior Analysis*, 3, 247-255, 1970.

Hamblin, R. L.; Hathaway, C. e Wodaski, J. Group contigencies, peer tutoring and accelerating academic achievement. In R. Ulrich, T. Stachnik e J. Mabry (Eds.), *Control of human behavior.* Illinois: Scott, Foresman, 1974.

Jones, S. Extinção do comportamento de discutir inadequadamente de um menino de 4º ano. In R. Vance Hall (Ed.) *Manipulação do comportamento:* aplicações na escola e no lar. EPU e EDUSP, São Paulo, 1973.

Leblanc, J. M.; Basby, K. H. e Thompson, C. L. The functions of time out for changing the agressive behaviors of a preschool child: a multiple baseline analysis. In R. Ulrich. T. Stachnik e J. Mabry (Eds.), *Control of human behavior.* Illinois: Scott, Foresman, 1974.

Robinson, F. P. *Effective study.* New York: Harper and Row, 1946.

Schutte, R. G. e Hopkins, B. L. The effects of teacher attention on following instructions in a Kindergarden class. *Journal of Applied Behavior Analysis,* 3, 117-122, 1970.

Vollirath, F. e Clark, M. Efeitos de procedimentos de reforçamento na frequência de conversa em um grupo atrasado em leitura. In R. Vance Hall (Ed.), *Manipulação de comportamento:* aplicações na escola e no lar. São Paulo: EPU-EDUSP, 1973.